日本文化の底力

美しい国の世界維新

Yoshiaki Nojima
野島芳明

光明思想社

はじめに

二十一世紀は世界の諸文明が大きな試練に遭遇する幕開けとなりました。二〇〇一年九月十一日に起こったアメリカでの同時多発テロ事件は、欧米キリスト文明とイスラム文明の「衝突」という意識を、われわれに打ち込みました。ベルリンの壁が崩壊し、冷戦が終結して、これで世界は民主主義と市場経済による新秩序が出現するという思いは、儚《はかな》くも「グランド・ゼロ」となって崩れ去りました。

その衝撃はまた日本がどういう文明に属しているのかという、文明的な帰属意識、文明的アイデンティティを見つめ直す契機にもなりました。さらには、世界諸文明のなかでの「日本の選択」を問いはじめました。本書もその問いかけから出発しています。

古代から現代にいたる世界には、複数の文明があったし、現在もあります。サミュエル・

ハンチントンの著書『文明の衝突』では、現在の主要な文明を、欧米キリスト文明、イスラム文明、東方正教会（スラブ）文明、インド文明、中華文明、日本文明、ラテンアメリカ文明の七つの文明とアフリカ文明をあげています。その世界の諸文明の中に在って、「文化および文明的観点からみると、すべて主要な文明には複数の国が含まれているが、日本文明が特異なのは、日本だけが家族をもたない孤立した文明で、日本文明が日本という国と一致している」とし、「日本は国すなわち文明」であると定義しています。この定義はトインビー、シュペングラーといった著名な文明史家が強調してきた「日本文明の独自性」の練り直しでもあります。

極東の家族を持たない特殊な国すなわち日本文明が、世界の諸文明のなかに在って、これからも独自性を発揮して行くことができるのだろうか。かつて幾多の文明が栄えては滅びて行ったように、日本文明も滅び行く運命にあるのか、あるいはこれからも繁栄を続けて行くことができるのか、日本文明は大きな分岐点に遭遇しています。

もし日本文明が未来にわたり繁栄を望むのなら、そのための「日本の選択」はなにか、何を目指し、何を歴史的目標とし、何を実現すべきか、本書はその問いかけから、自国の歴史と伝統文化に立ちかえり、世界諸文明の中での日本文明のアイデンティティを再定義し、歴史的目標を提示しています。さらには、自国の伝統文化を全世界的視点で見直し、世界文明に通用する普遍的な諸価値を「美しい国づくり」を通して蘇生させて、地球文明の創造へ向かって行くことを求めています。

この「美しい国づくり」という構想は、日本が、明治、大正、昭和の時代に続けてきた「富国強兵」という「強い国づくり」からの決別でもあります。日本の国家方針であった「富国強兵」は大東亜戦争をもって終わりました。「強兵」という目標は、大東亜戦争の敗戦をもって終わり、「富国」は戦後約六十年の経済大国をもって一応達成されました。

しかし、日本は経済大国化へ突き進んでいる過程で、国家の目標を失い、国民は精神的閉塞状態を呈してきました。それを象徴する出来事が、第二の敗戦といわれるバブルの崩壊でした。司馬遼太郎氏は土地バブルに浮かれた「この国のかたち」に激怒し、このままでは民族が滅んでしまうと憤死しています。まさに「しゃぼん玉とんだ　屋根までとんだ　屋根までとんで　こわれて消えた」後に、精神の空白だけが残りました。その後「失われた十年」と続き、今日の混迷に至っています。もし日本がこのまま戦後のレジームのなかで惰眠をむさぼり続ければ、李鵬中国元首相がオーストラリア訪問の際に言い放ったように「日本は二十年も経てばこの地球上から消えてなくなる」かも知れません。

内村鑑三は「敗戦かならずしも不幸にあらざること、国は戦争に負けても亡びません。実に戦争に勝って亡びた国は歴史上けっして少なくないのであります。国の興亡は戦争によりません。その民の平素の修養によります。善き宗教、善き道徳、善き精神ありて敗戦はかえって善き刺激となりて不幸な民を興します」(『後世への最大遺物デンマルク国の話』岩波文庫)と、つぎのように話しています。

「一八六四年、デンマルクはプロシア・オーストリアとの戦いに敗れ、狭い国土の最良の南部二州を割譲され、残されたのはユトランドの荒れ果てた土地だけでした。戦いに敗れ国土の大半を失ったデンマルクの国民は打ちひしがれ、今やデンマルクにとり悪しき日なり」と絶望していました。ここで内村は強調しています。「戦いに敗れて精神に敗れない民が真の偉大な民であります」と。敗戦したデンマーク国民の中で、精神に敗れなかった歩兵士官とその子によって植林事業が始まり、長年にわたった苦難と失敗を繰り返した末に、荒漠たるユトランドの土地は、大小のもみの木が鬱蒼と生い茂る豊穣の沃野に一変しました。木材よりも、野菜よりも、畜類よりも、さらに貴いものは、国民の精神であります。敗戦で失望していた国民の精神は、歩兵士官と息子の植林の成功で恢復しました。国を削られてさらによい国を得たのです。しかも他国を奪ったのではなく、自分の国を改造したことによってであります。デンマークは現在、「国民の幸福度」世界ランキングで一位となっています。

敗戦の深い傷跡のデンマークと日本とで似通うところが少なくありません。幸い日本は大東亜戦争に敗れたとはいえ、国土の割譲は少なく、固有の四つの島は残りました。しかし、領土が保全された代わりに国民の精神は荒廃してしまいました。三千年の歴史と伝統を有する日本国民の精神の割譲は、国土の割譲よりも大きな傷痕《きずあと》として残りました。日本は大東亜戦争でアメリカに敗戦し、ついで、占領民主主義で精神を敗戦させました。

日本人は四つの島に閉《と》じ籠《こも》り、民主主義という大義のもと、権利と義務をはき違え、独りよがりの個人主義に陥り、さらにミーイズムにまで堕落し、自分さえ平和で幸福であればそれでいい、それ以外の一切の面倒な事からは目をそらそうとする風潮になりました。

谷川俊太郎がホームレスの男を詠った「そのおとこ」という詩があります。

ひとびとは
まるでそのおとこなど
このよにいないかのように
まっすぐまえをみつめ
いそぎあしで
とおりすぎてゆく
ひとびとが
ゆこうとしているところは
いったいどこなのか

二十六年前に書かれたこの詩は、目標を喪失した日本人の空虚感をよく現しています。この精神風土の空白は、社会的道徳の喪失、教育崩壊、家族崩壊、青少年犯罪の激増と低年齢化、年間三万人をこえる多数の自殺者、荒廃したふる里の景観、日本語の乱れ、風俗の低俗化、少子高齢化、離婚率の激増などの社会問題となっています。

本書の表題にも掲げた「美しい国」は、こうした戦後のニヒリズムからの超克を提起しています。明治、大正、昭和と続けてきた「富国強兵」策から決別し、それに代わる「美しい国づくり」を通して、積極的に「地球文明」の創造に貢献していくことを強調したものであります。

もとより「美しい国づくり」は、きわめて困難な課題です。まだ世界のどこにもモデルとする国もなく、未来に向けた冒険的な挑戦かも知れません。しかし、かつて「富国強兵」という「強い国づくり」に国民が総力をあげて挑み、非西欧国家のなかで唯一近代化に成功した日本国民は、たとえ何十年かかろうとも、やがてはこの挑戦に成功することでしょう。またそれが日本の使命であり、日本が日本を実践することになります。

最近になって心強く思うことは、多くの日本人が六十余年にわたる戦後レジームの鬱積する土壌に在って、このままでは民族が滅びるのではという危機を直感し、戦後レジームからの脱却をめざし始めたことです。まだ「ラストサムライ」は健在と申せましょう。

また、本書には「美しい国づくり」の精神的基礎として、日本の伝統文化と武士道精神の見直しということがしばしば強調されています。もちろんそれは「逝きし世の面影」の郷愁という意味ではありません。

「美しい国づくり」には、日本文化全体の見直しと、再生が求められているからです。来るべき「地球文明」に向け、遠く神話時代を含む日本史総体のルネッサンスを恋い願うからであります。世界各国はそれぞれに光っていますが、日本は光る国々の中にあって輝く国にして行かなければならないのです。日本が輝くとは「美しい国」であるということです。

なお、本書は当初『日本文化のかたち』（野島芳明著、平成十四年展転社刊）のダイジェスト新書版として、若者を対象に出版企画されたことから、ページ数が限られたために、主題だけに論を絞り、細かな論説や補充部分を荒削りにして書き進めたことを、ご了承願います。執筆にあたって戸田義雄著『日本の感性』（日本教文社刊）、川勝平太氏の『地球見つつ『ふるさと』学ぶ』（『産経新聞』平成十九年二月）から大きな示唆を受けたし、多くの方々の論説の指摘も参照させていただいたことを感謝します。

とくに新しい出版会社の発足にあたって、多大な困難にもかかわらず出版を快く引き受けて下さった、光明思想社の白水春人氏に深い敬意と感謝を捧げます。また、この本の編集、出版企画と制作全体を賜った野口五十六氏に深く感謝と敬意を捧げます。

最後に霊峰富士のもとに眠る亡き恩師、仲小路《なかしょうじ》彰《あきら》先生のご冥福を祈るものであります。
各章の冒頭の文は恩師の著書『未来学原論』から戴きました。

平成二十年八月十五日

野島芳明

日本文化の底力——美しい国の世界維新——目次

第六章　和を以て貴しと為す

第七章　グローバル・デモクラシー

第一章　「美しい国づくり」へ

人間は未来を目ざして進化する生物であります。未来なくして人間の行動は何らなされず、人間の意志は常に明日に生きようとする衝動であります。

「強い国づくり」からの決別

安倍元首相が提唱した「美しい国へ」という国家目標は、安倍氏自身がどういう志向のもとに提唱されたのか、また何をめざそうとしていたのかはっきりとは解かりませんが、日本歴史の根幹にかかわる重要な方針を示したものといえます。

それは日本が明治時代から続けてきた「強い国づくり」という、国家方針を棄てて、面舵を大きく転換しようという意思を、国民にも、国際的にも示したのが、「美しい国へ」という提案でした。それは「強い国づくり」からの転換ないし決別を意味していました。

しかし、遺憾ながらその目標指向型の「富国強兵」の「強い国づくり」から、環境整備型の「美しい国へ」という政策転換は、歴史的な意味を潜在させながらも、容易に理解しがたいものでした。もっとも、理解されないのも無理からぬことです。なにしろ、明治、大正、昭和初期まで約百年間続いた、「富国強兵」策の果てに敗戦となり、ついで、戦後六十年間の「経済大国」化の果てにバブルが崩壊し、二日酔い的な「失われた十年」と続き、その修復がやっと済んだかなと思ったら、突如、詳しい説明もないままに「美しい国へ」ですから、理解し難いのも当然といえば当然です。

しかし、これからの日本はたとえどのような政権になったとしても、またどんな紆余曲折があっても、国づくりの希望の象徴であった「坂の上の雲」を仰ぎ見るように、「美しい国」を追求することになるでありましょう。

「強い国づくり」とは、明治以降における「富国強兵」という国家方針でありました。それ以前の江戸時代は、武士道倫理や鎌倉仏教の教義、武家諸法度などの法の支配、義理と人情の秩序による「正しい国づくり」を目ざしてきました。それは、それ以前の戦国時代における「下克上」という、群雄割拠の無秩序から決別し、礼儀作法を重視するようになったからです。その基盤に儒教と仏教諸派の信仰と法制度が置かれました。江戸時代の儒教倫理と仏教諸派の信仰および法制度が、「仁、義、礼、智、信」と「恥」と「粋《いき》」の道徳律や、武士道倫理を育んだことはよく知られています。

ところが、江戸末期から明治初期にかけて日本が欧米列強の植民地にされてしまうという危機意識が高まり、「太平の眠りを覚ます上喜撰(蒸気船)たった四杯で夜も寝られず」

といった状態になりました。もはや江戸時代の秩序と慣習にもたれかかった「正しい国」という幕府体制では対応できなくなり、「強い国づくり」への転換を余儀なくされ、明治以降に「富国強兵」策の採用が不可欠となったのであります。

「富国強兵」は達成された

「強い国づくり」の国家目標は、日清、日露の戦争を経て、明治、大正、昭和初期の時代を通して一応達成されました。日露戦争で当時世界第一の陸軍国ロシアに勝利してからは、米英と並ぶ「三大強国」ともてはやされ、驚くべきスピードで列強の一員となりました。ことに一九〇五年に日本海軍が日露戦争でロシアのバルチック艦隊を全滅させてからは、世界の大海軍国の英米に匹敵するほどの艦隊を擁していました。

そして大東亜戦争に敗戦し「富国強兵」という国家目標を放棄した後は、日米安全保障条約の下で、軍事力を最小限にして「経済大国化」の道をひたすら歩んできました。かくして日本は奇蹟の復興をとげ、「経済大国」としても一応成功をおさめました。もちろん

「経済大国」といっても、日本の国民総生産額はアメリカに及びませんが、造船業、鉄工業、自動車生産業などの分野でアメリカを抜き、家電、電子製品もアメリカ国民の生活に入って行きました。また「物づくり大国」として、日本にだけしかできない技術製品で世界経済の発展に貢献しています。

けれども、戦後日本が選択した「経済大国」という目標は、主として米ソの冷戦構造の産物であり、米ソの対立に巻き込まれまいとする政策であり、国家の基本目標とは呼べないものでした。そもそも「経済大国」というあり方は「富国強兵」の延長線上にあったといえます。そしてなによりも大きな弊害は、経済大国化という路線を走っている間に、日本を国家目標のない国にしてしまったということです。グローバル化の名のもとに伝統文化を空洞化させ、無国籍化させてしまったことです。日本はひよわな国家となり、社会的にも虚しい空白が続き、国家目標喪失の時代となりました。

しかし、経済的には貧しい国であっても、品格の高い国であることは可能なのであります。幕末から明治にかけて来日した外国人の多くが驚嘆したように、日本は「美しい国」でした。大正末期から昭和初期に駐日フランス大使であった、詩人ポール・クローデルは「日本人は貧しい。しかし高貴だ。世界でただ一つ、どうしても生き残って欲しい民族をあげるとしたら、それは日本人だ」とまで言っています。

今後の日本は「富国強兵」「経済大国」に代わって、このような「美しい国づくり」が求められています。江戸時代およびそれ以前の日本にとって、「世界」とは中国のことであり、明治以降は欧米が「世界」でした。今後の日本にとっての「世界」は地球です。「美しい国づくり」が対象とするのは「地球」であります。そしていま「地球」でいちばん重要なのは、平和と環境問題であります。

「美しい国づくり」のモデル

先にも書きましたように、明治維新の国家目標は、西欧諸国に負けまいとする「富国強兵」にありました。そして軍事的には日清、日露戦争以後、大東亜戦争に至るまで達成されました。また「経済大国」でも、欧米諸国をモデルにして「追いつき追いこせ」という近代化の競争を続けてきましたが、その競争にも一応の決着がつきました。明治維新以来の「追いつき、追いこせ」という目標は、少なくとも経済的、科学技術的な領域で、ほぼ達成されたといってよいでしょう。

しかし、日本が目指すべき世界史的な目標は、それ以上のものであります。日本がその世界史的課題を担うのかどうかは、日本自身で選択するものであります。これは近代史を支配してきた、近代化競争の次のステップにおける「美しい国づくり」というモデルを、大東亜戦争後に独立した、中国、インド、中東諸国などの新興諸国に示す国になるかどうかという選択であります。中国、インド、中東諸国など大東亜戦争後に独立した新興諸国は、いまだ近代化競争の段階にありますから、日本が世界各国に先んじて近代化競争の次にくる、「美しい国づくり」というモデル国になり得るのかどうかが問われています。「世界の工場」といわれ、経済成長の著しい中国経済は肥大化していますが、文化的、精神的には空疎です。現在の中国の経済政策と軍事政策は世界秩序を揺るがし、世界から恐れられてはいますが、けっして尊敬されてはいません。もし、中国が孔孟老荘の思想を原理とした「文化革命」へ向えば、中国文明は世界から尊敬される模範となるでしょう。これは、インド、中東諸国、その他の諸国についても同じことがいえるわけですが、まだまだ先の事となります。

外発的と内発的近代化

明治以後における日本の「強い国づくり」という近代化路線は「外発的」なものでしたが、日本は「美しい国づくり」において、はじめて「内発的」であろうとしています。

幕末から明治初期にかけて、自国が欧米諸国の植民地にされてしまうという危機感が高まり、日本は欧米諸国家と並ぶ国家となるために、欧米列強に劣らない「強国」を、必死になって目指しました。欧米諸国に「追いつき、追いこせ」という「外発的」な近代化競争を余儀なくされました。もし、この時に日本が「外発的」な「富国強兵」策をとらなかったとしたら、イギリスかフランスかロシアのいずれかの植民地とされていたことでしょう。とくにロシアの極東侵略の野望は激烈で、日本は日露戦争に勝利することでようやくロシアの南下を防ぐことができたのです。

近代における日本文化のあり方について、「内発的」か「外発的」かという用語は、夏目漱石が近代日本の文明を鋭く批判した講演、「現代日本の開化」のなかで用いたものです。その講演によれば、西欧諸国の開化は「内発的」であるが、黒船来航以来の日本の開化は西洋の圧迫によって強いられた「外発的」なものであり、その結果として皮相を上滑りしているだけの薄っぺらな開化であるが、それでも日本は「涙を呑んで上滑りに滑って行かなければならない」と語っています。明治の知識人には近代化に対し、こうした「涙を呑む」気骨と自覚がみられました。

漱石がこういう日本の近代化に批判と危惧を抱くようになったのは、英国留学の経験からだとみられています。漱石の明治三十四年の日記に、「日本は三十年前に覚めたりという。しかれども半鐘の声で急に飛び起きたるなり。その覚めたるは本当の覚めたるにあらず。狼狽《ろうばい》しつつあるなり。ただ西洋から吸収するに急にして消化する暇なきなり。文学も政治も商業もみな然《しか》らん。日本は真に目が醒めねばだめだ」と、記しています。

この漱石の警告は一世紀後の今日でも、日本文化の存在そのものについての重要な問いかけとなっています。明治以降から現代までの日本近代化の歴史は、常にこの「内発的」と「外発的」との矛盾に苦しんできました。とくに、大東亜戦争の敗戦による七年間のアメリカ軍による占領時代は、完全に「外発的」な時期でした。占領総司令部でつくられた「外発的」な習性は、「日本国憲法」をいまだに墨守しているのをはじめ、国民生活のすみずみにまで根深く浸透し、国民自身の内から沸き上がる「内発性」を、ますます希薄にしています。戦後世代の社会道徳の低下、凶悪犯罪の激増、風俗の紊乱《びんらん》、性意識の混迷、家族の崩壊、教育の荒廃、学力の低下など、結局はこの国民精神の「内発性」の衰弱に起因するといえましょう。

漱石がいうように、明治維新によって日本の近代化は始まったが、そこには真の覚醒はなかったのかも知れません。とくに、戦後六十余年は決定的な「外発」であり、占領期をただずるずると延長したまま、深々と眠っていた時代といえましょう。「戦後レジーム」とはそういう惰眠をむさぼっていた状態といえます。

ですから、「戦後レジームから脱却」させ、戦後の惰眠から覚醒することによって、はじめて「内発的」な自分自身を取り戻すことになります。安倍元首相が提唱した「戦後レジームからの脱却」という意志は、わずかに残っていた「内発性」への希望でした。安倍氏は突然の首相辞任という失意の中で、「敵は戦後レジームそのものだ。近づいて見ると本当に高く険しい壁だけど、これを越えないことには、日本の未来は見えてこないんだよ……」と、つぶやいていました。

地球温暖化に挑む

日本は、明治、大正、昭和初期と続いた「強い国づくり」という国家目標が達成された後、「経済大国」になったものの国家目標を失いました。「美しい国づくり」は「富国強兵」に代わる国家の方針となり得るもので、国民の総力をこれに結集することを提示しています。「美しい国づくり」の目指すべき対象は、「美しい星」としての「地球」であります。日本は全地球を対象として「美しい国」とならなければならないのです。それにはなによりもまず、地球意識として人間の心、精神、霊魂を、清めることからはじめなければなりません。神道でいう「清き、明《あ》かき心」であります。地球環境を美しく清めるには、まず人間の心を清めることが求められます。

江戸時代およびそれ以前の日本にとって、「世界」とは中国のことであり、中国の政治制度、社会組織、思想、宗教、芸術、技術などを輸入し模倣してきました。明治以後の日本にとって「世界」とは欧米のことであり、近代化とは欧米化のことでした。そして、これからの日本にとっての「世界」とは、「美しい星」としての「地球」であります。これまで「世界」と規定してきた日本の座標軸を、「地球」へとシフトすることから、地球感覚や地球意識が生まれてきます。地球環境問題とのかかわりもそこから始まります。

しかし、座標軸を「地球」へシフトするといっても、その意味はほとんど不明であります。模範とすべきモデルは、世界各国の中にどこにも見当たりません。わずかにその例をあげるとしたら、国民総生産指数でなく「国民総幸福量」を追求しているブータン王国がありますが、あまりにも秘境に在る小さな仏教の国のため、世界への影響度としては限られたものとなります。また、フランスやイタリアが文化国を主張していますが、それは過ぎ去った栄華に依存した、歴史博物館的なユーロセントリズム（欧州中心主義）の袋小路に陥っています。

アメリカではアル・ゴア前副大統領が、二〇〇七年度のノーベル平和賞に輝き、一刀両断に「地球の大切さは、各国の経済利益に優先する」と言ったところで、問題は解決しないのです。逆にアメリカの一般企業は、経済成長に悪影響を与えるような温暖化防止対策には消極的といった風潮があり、世界中の国々もまたこれと同じジレンマに悩んでいます。そうした状況だからこそ世界文明にモデルを提供しようとする、日本の「美しい国づくり」の意味があるわけです。

アメリカ経済はアメリカ国民のものであり、ヨーロッパ経済はヨーロッパ諸国民のものであります。中国経済は中国人民のものであり、インド経済はインド国民のものであり、日本経済は日本国民のものでありますが、地球的観点から見れば、すべての国民経済が地球の経済活動の一部分であります。アメリカ経済も、ヨーロッパ経済も、中国経済も、インド経済も、日本経済も、地球の営みの部分であって、単独で孤立したものではなく、それぞれの国民が、それぞれ地球の経済活動を分担しているのであり、それによって地球の経済を成り立たせています。世界各国は今やそれぞれの国民経済を単独で孤立したものとしてではなく、国民経済が地球経済の担い手であることを、認知しなければならなくなりました。たんに国民経済を生産量ＧＤＰ単位で測る競争の束縛から解放させなければなりません。地球温暖化に挑むとは、地球経済の破産を救済しようとすることで、地球経済の破綻の危険性を避けることは、国民経済の利益に優先されるべき課題であります。

地球は人間の運命

人間にとって「地球」は単なる対象物ではありません。地球を客体とみて、人間がそれを観察する「主体」であるとする認識方法は、科学的方法としてはごく一般に普及していますが、地球の環境問題はそれだけに留まりません。いろいろな環境保護団体が「地球に優しい」環境を提起していますが、そこには驚くべき矛盾があります。まるで犬か猫のようにペット的に優しくするのが「地球に優しい」ことだと、傲慢な錯覚をしています。地球の環境問題は、人間と地球との関係を「主体と客体」とに分けてしまう認識方法では行き詰まります。地球は人間の従順なペットではありません。環境問題で何よりも重要なことは、地球の環境と人間の生活は不可分な一体関係にあるという認識です。地球は人類の母胎なのです。

多くの詩人や芸術家が、人間と地球の関係を「主客分離」に切り離したら芸術が成り立たないとし、芸術の分野では「主客合一」であることを直観していました。フランスの印象派ゴッホは、日本の芸術を見て「彼らみずからが花のように、自然の中に生きていく、こんなに素朴な日本人がわれわれに教えるものこそ、真の宗教ではないか」(『ゴッホの手紙』硲伊之助訳)と書いています。

また多くの詩人たちが、地球と人間が分かちがたく一体であることを、確信をこめて詠っています。石川啄木は、冬の曙《あけぼの》の神々《こうごう》しい阿寒岳《あかんだけ》を次のように詠みました。

神のごと　遠く姿をあらわせる　阿寒の山の　雪のあけぼの

また、芭蕉ははるばる青森まで門人を訪ねながら、門人がすでに他界していたのを悼み、墓に詣でて、

塚も動け　わが泣く声は　秋の風

と慟哭《どうこく》しています。「わが泣く声」と「秋の風」とが「は」によって同一化され、泣いているのは芭蕉なのか「秋の風」なのか不可分になっています。最近流行した「千の風になっ

て」の歌も、死者の霊が「千の風」になって、大きな空を吹きわたり、愛する人を守っていると唄っています。

多くの日本人にとって、富士山は自然の対象物には違いないのですが、横山大観の描く「霊峰」と名づけられた絵画のように、心の中にある「神の峰」の存在とし、とくに黎明の一瞬に朝日が燃えるように映え輝く「赤富士」を、信仰や芸術のインスピレーションの源泉としてきました。

このように地球のさまざまな現象は自然現象に違いないのですが、同時に、山々、海、川、大河、湖、森林、草原、田畑、家畜、石油などの地下資源、あるいは地球を取り巻く太陽、星々、光、雷、重力、電磁気などの現象は、人間の生活や心に測り知れない影響を与えてきました。そしてそれらの現象が多くの芸術や宗教にさまざまな啓示をもたらしました。

このように地球と人間とのつながりは、きわめて有機的なものであります。地球と人間との生命的一体感さえも感じられます。こうした感情から「地球愛」も芽生えてきます。地球の環境問題も地球と人間とが不可分の運命共同体とした側面から捉えていく必要があります。

地球環境問題への意識

世界はいま「地球温暖化」防止について大合唱を続けています。さまざまな論議がありますが、「先進国は二〇五〇年までに温室効果ガスを五〇パーセント削減することが必要」、「地球の平均気温が二・五度上昇すると、生物種の最大三〇パーセントが絶滅する恐れがある」などと、声高々に叫ばれています。それらの警告は恐らく正確なものでありましょう。だが、それらの警告は科学的な、あまりに科学的な、数値によるものであります。科学的であるがために、その数字が独り歩きしてしまい、実際にいま被害を受けていて、すでに水没しているツバルやキリバスやバヌアツなどの南太平洋の諸島の悲惨な状況とはかけ離れています。彼らはやがて地球温暖化の難民となって、先進国に殺到するかも知れません。

ヒマラヤ山脈の秘境ブータン王国は、国土の七〇パーセントが森林で覆われているので、もし地球温暖化で北部の氷河が解けて氷河湖が決壊するようなことにでもなれば、同国は南北の標高差が七千メートルもあるから、溶けた氷河があふれ出し、森林をなぎ倒し、土石流が流れ落ちるという深刻な事態が憂慮されています。ブータン王国の危機はブータン国民にとって科学的問題ではなく、精神世界の危機なのであり、ブータンの信仰や芸術や文学は、山そのものから生まれたのであり、氷河の融解による森林破壊は、ブータン国民の魂の崩壊を意味するのです。

同じように、地球温暖化の危機は日本にとって、日本文化の危機であり、日本の精神の危機なのです。日本の温暖化論議に欠落していることは、温暖化の危機を科学的レベルだけで捉え、文化的レベルの深刻さを理解していないことです。温室効果ガスを削減することは、科学的論議ではなく、日本文化そのものの存続、歴史と伝統を伝えることにかかわる事柄なのであります。世界各国にとっても地球の温暖化、環境破壊は文明、文化の危機であり、ひいては精神の危機なのです。

二〇〇四年度のノーベル平和賞を受けた、ケニア共和国の環境副大臣ワンガリー・マータイによって、日本語の「もったいない」という言葉が世界に紹介されました。彼女によれば「もったいない」という日本の心情こそ、世界の環境問題の核心をなすもので、世界のどこの国の言語にも、「もったいない」と同じニュアンスを持った言葉はないといいます。そして国連の女性地位委員会での講演のとき、出席者全員と共に「モッタイナイ」「モッタイナイ」「モッタイナイ」と唱和して、深い感銘を与えたといわれています。「もったいない」という日本語が世界語になりました。

「もったいない」という日本語には、ものそのものを大切にし、感謝する心とともに、それを造った人々への感謝と尊敬の念が込められています。それはまた他の異質文明への感謝と尊敬の心の表現であります。日本国民にとっては、儒教文化も尊いし、仏教文化も尊いし、欧米の近代文明も同じように尊く感謝すべきものであります。つまり、日本人にとっては、儒教文化も「もったいない」し、仏教文化も「もったいない」し、イスラム文化も「もったいない」し、欧米文化も「もったいない」のであります。

母なる地球に自分が生きていることに感謝し、自分が生きているのではなく、生かされているのだとして、与えられた命を愛《いと》おしみ、感謝しながら生きて行く、この「母なる地球」もまた「もったいない」のです。こうした心情こそが地球環境問題を取り組んで行くうえで大切な原動力となります。

第二章　宇宙と地球の交響

地球は永遠の平和の理想としての太陽をめぐる一つの天体であり、人類は、またこの上に理想を実現する運命的実存である。

宇宙―太陽―地球―日本

日本文明を探究して行く前に、先ずその舞台背景となる世界の諸文明との関連を、太陽をめぐる地球の自転にそって鳥瞰《ちょうかん》していきます。

先にも書きましたが、サミュエル・ハンチントンはその著書『文明の衝突』中で、現在の主要な文明を、欧米キリスト文明、イスラム文明、東方正教会文明（スラブ文明）、インド文明、中華文明、日本文明、ラテンアメリカ文明の七つの文明とアフリカ文明をあげています。そして世界は、アメリカと各地域の諸文明とが「一極・多極システム」に向い、「文明の衝突」を繰り返すと予測しています。

一方、スペインの思想家で国連大使でもあったサルファードル・マダリアーガは、『バラと十字架』の著書の中で、世界全体の文明像を描いています。それによれば、世界全体の文明を一本の「樹木」になぞらえて、世界全体の文明の「根」の部分は、人類の歴史的な記憶を蓄積しているアフリカとし、「幹」の部分は世界全体の文明を支えその意思を表すヨーロッパ、およびアメリカであり、世界全体の文明に霊感を与え、宗教的理念の源泉としての「葉」は、アジアであろうとしています。

彼らが主張するように、果たして世界の諸文明は生き残りをかけて「衝突」を繰り返すのか、それとも地球文明の「大和路」へ向かおうとするのか、「美しい国づくり」は、ここに大きな啓示を与えるものとなります。

世界のあらゆる文明はそれぞれが固有の真理を探求してきたのであり、さまざまな文明の個的性格をお互いに認め合い、尊敬し合うことで、相対的な土台に立つことができます。日本にとって自国の伝統文化も尊いし、西欧文明も尊いし、アジアの諸文明も尊いし、世界の諸文明が尊いわけです。日本はこうした開かれたナショナリズムを通して、全人類が普遍的な「地球文明」に到達することを願っているのです。先ほどの「樹」の例えでいえば、世界全体の樹の養分を十分に吸収して、地球文明を象徴する「花」として咲かせるのが日本の「美しい国づくり」の最終目標となります。

世界国旗の球体的配列

世界の国旗を太陽をめぐる地球の自転にそってたどっていきますと、それぞれの地域で、さまざまな象徴がみられれます。各国の国旗は、それぞれ独自なもので、独自な背景を背負って定められたもので、各国がお互いに打ち合わせして決めたものではありません。にもかかわらず、地球的視野でみますと、まるで各国が打ち合わせでもしたかのように、地球の自転に合わせたシンボルを国旗としています。

東経百八十度の日付け変更線を起点にして地球の自転する方向にそって一巡しながら、世界各国の国旗をみていきますと、太平洋諸島に浮かぶキリバスの旗が、まだ覚めやらぬ夜霧を越えて太平洋の「波間に日の出」し、やがて極東の空に白光がさしそめ、「白地に赤く日の丸染めて、ああ美しい日本の旗は」となります。日出ずる国、「敷島の　大和心《やまとごころ》を　人とはば　朝日ににほふ　山桜花」と詠われています。山桜の可憐な花びらに柔らかく照り映える朝日が、日本の精神文化をつらぬく根源的な象徴となっています。

朝鮮半島という意味も、もともとは「鮮やかな朝の地」という意味で、韓国の国旗は白地の上に易《えき》の卦《け》を四隅にし、中心に陰陽の太極円をおいています。朝鮮半島が日米中露の四カ国に囲まれ、南北に分断されているかの旗となっています。

ついで、太陽は真昼の中天にのぼり、国父・孫文らがかかげた「晴天白日満地紅」の国旗になります。現在は「晴天白日」を台湾の片隅に追いやり、中国は国歌にもあるように、「東方虹、太陽昇」の赤一色に満ちています。チベットは「雪山の頂上に白日」旗、ラオスの「白日」、バングラデシュの「緑地に赤い太陽」の国旗となっています。

インドでは古代から「真昼の太陽」をシンボルとした、日輪＝大法輪を中心においた国旗になります。一九四七年の独立議会でネール首相は「大法輪こそインド古代文明の栄光の象徴であり、それを現代に再現することこそ、インド国民の理想である」と宣言しました。インドが太陽を取り戻し、この国旗がニューデリーの空に高々と掲揚され、風にはためいたときには、議員をはじめ貧困のどん底にあえぐ国民もみな大地にひれ伏して泣き、歓喜しました。

やがて時間とともに太陽は西の空へかたむくと、夕日の国旗をシンボルとするイスラム諸国となります。中東の太陽はあまりに熱く砂漠化した大地にいかなる生物の生存も許さぬため、住民は過酷に照りつける太陽をさけ、夕日を崇拝しました。太陽神アラーの信仰は夕日としての信仰にほかなりません。砂漠に沈みゆく落日にむかって敬虔な礼拝をささげています。

夕日がアラビアの広大な砂漠の彼方へ沈み行くと、オスマン・トルコ帝国のシンボルである「新月と一つ星」の国旗群がみられるようになります。かつてオスマン・トルコは、東洋と西洋をまたいでの巨大な帝国でしたので、その残した影響も大きく、いまでも「新月と星」を国旗としているイスラム圏諸国が少なくありません。

やがて新月がかくれると、砂漠の西空に一番星、イスラエルの「ダビデの星」が輝きます。東方の予言者は「あの星の下にイエス様がお生まれになった」と、イエス・キリストを光の子として、暗夜に輝く「聖なる星」としました。星々が夜空に輝きを増し、星座をシンボルとするギリシャの国旗となります。ギリシャ以西の国々はほとんどが、ギリシャの星座信仰と、キリスト教の十字架を組み合わせた国旗にしています。

ヨーロッパの未来を象徴するＥＵの連合旗も、スカイブルーの地に加盟国の星々の輪となっています。また、国際連合の旗が、平和の象徴であるオリーブの輪に、北極星から見た地球をシンボルとしているのは印象的です。

ヨーロッパの夜に輝いた星々は、大西洋を渡り移民の国アメリカにおいて満天の星となして「星条旗」となります。新天地を求めて大西洋を渡った移民たちを導いたのは、西の夜空に光る「希望の星」でした。軽快な国歌「おお君に見えるだろうか、あの雄々しく翻る、太き縞《しま》に輝く星々を、我々は目にした」星条旗は、やがてアメリカン・ドリームのスター崇拝になっていきました。そして再び星条の縞から薄い光が射しはじめて地球の一日が終わります。

朝日から白日になり、夕日が傾き、新月が出て、星々が輝き、満天の星となって、また太陽が再生されて、地球の一日は何十億年となくめぐっています。

世界宗教の地球的照応

世界の国旗を太陽をめぐる地球の自転にそって、それぞれの地域で、さまざまに象徴化したものであることをみてきましたが、世界の諸宗教にもまたこれに似た地球的照応がみられます。それらは宇宙的宗教感情が、地球に作用した「非因果的な同時生起」とでもいうものなのでしょうか。

朝の信仰として「日の丸」の国旗に象徴されますように、日本および日本人の宗教意識は、朝日への讃美を捧げる信仰として厳然として存在します。それが厳としてあるばかりでなく、日本の朝日信仰は、古代太陽信仰文化の正統を継承するものであるとともに、古代から歴史の風雪に鍛えられて来たものとして、日本精神および日本文化の基本的な文化フォルムを形成してきています。

昼の信仰として「青天白日」をシンボルとしてきた中国では、中原に照る白日の太陽が、「昼の信仰」形態をしめしています。中原の「天」を中心とした宗教意識や生活意識が生まれました。それは古代中国人の意識にあったばかりでなく、今日でも中国人の深層心理に深く沈澱しています。また「天」の信仰から「易《えき》」の自然哲学が生まれ、老荘思想が民衆に浸透し、道教へつながっていきました。古代中国に生まれた「天」を中心とする自然信仰は、宇宙の自然法則を「天道」とみなし、その宇宙の法則に従って生きることを「人道」としました。そして「天道即人道」を、バランスよく中庸《ちゅうよう》させた者が聖人とされました。

「古代インド文明の栄光を現代に再生するのだ」という理想のもとに、「大法輪」を中心においたインド国旗は、古代インダス文明の人々が信じていた自然信仰のシンボルでもありました。ヒマラヤ山脈の永々の白雪のもと、インダス、ガンジス二大河に潤う熱帯から寒帯にいたる生物のすべてが繁殖する大地。その多様な大自然と圧倒的な力は、古代インド人の自然崇拝の根拠となりました。とくに多元的な自然の諸現象ことごとくが、神の姿のように映り、そこに鋭い直観と瞑想がくりひろげられました。「ヴェーダ」「ウパニシャッド」では、信仰の中心は太陽神への讃美でありました。その光の抱擁こそが人間生命の根源力であると考えられ、太陽の運行は人間の精神活動の原動力にあるとみなされ、「梵我一如《ぼんがいちにょ》」宇宙と我《われ》とを完全に統一させた者が覚者とされました。

またエジプトの宗教意識も、イスラム教に改宗する以前は人々の社会生活の上に最大の威力をしめす太陽として、「永遠の光」である絶対神ラーの根源力への信仰でありました。夕日の信仰として、アラビアの大砂漠を照らす太陽は、万物を創造し、また破壊する原動力でした。イスラム教の信仰は「旧約聖書」を起源とする絶対神アラーへの無条件的信仰でありましたが、一切を焼き尽くす燃えるような砂漠の太陽はあまりに熱く、あらゆる生命の存在を拒否しましたので、その太陽の象徴は「夕日への信仰」という宗教意識になりました。砂漠の生活は常に死に直面していたので、その超越的自然力への恐怖が絶対神アラーへの信仰と無条件的に結びついていました。

ここから月と星の「夜の信仰」がはじまる前に、昼と夜の境目の信仰としてイスラム教に改宗する以前の古代イラン産油地域から、「拝火教」というゾロアスター教が生まれました。世界の全ての存在は「光と闇」「光栄と暗黒」との矛盾と抗争によって動かされているという、二元論的な対立を基調とした観念弁証法が広がりました。また、イランの北部ではロシアを中心にして、ギリシャの大地信仰と結びついた「大地信仰」「大地母神信仰」が生まれました。

こうして「夜の信仰」の世界に入ります。ヨーロッパの「夜の信仰」はギリシャの星座信仰とイスラエルの「ダビデの星」に象徴される「旧約聖書」信仰を根源としています。キリスト教が「星の信仰」であることはいうまでもありません。キリストの誕生は冬至という、夜の最も長い季節における「救いの御子」として、新しい星の出生で、暗夜からしだいに光に向おうという「聖夜の星」をあらわしています。そのキリスト教の範疇にあるヨーロッパの信仰形態の多くが、パスカルの夜の瞑想や、ホイットマンの星との対話にみられるように、「夜の信仰」ないし「星の信仰」をあらわしています。

また仏教も「真如の月」という本質をもっている宗教で、文明の完成期という夜にあらわれる「月の信仰」でありますから、夜の信仰と分類します。

新大陸アメリカへ新天地を求めて大西洋を渡った初期移民たちを導いたのは、西の空に光り輝く星でありました。中世紀の夜を破る希望の星は、宗教戦争で疲れた人々にとって、新しい自由の地「乳と蜜の流れる」幸福の地を約束するものでした。未開の原野を開拓してゆく開拓者たちの希望は、美しいスターとなって全土に輝き、アメリカの各州は星座となって建国されました。アメリカ民主主義は「神なき時代」といわれる今日において一つの宗教でもあり、この理想の星の光を地上に現実化させようとしていることに大きな特徴があります。

同時的同位性

これまで世界のおもな国旗と諸宗教について、急ぎ足でかいま見てきました。それはほんの目次だけを一瞥したに過ぎませんが、地球の表層において人間の生活と宗教とが、深層心理の部分できわめて密接に関わっている事がみられました。あたかも、何十億年と自転を繰り返している地球の表層に、何ものかの意思が働き黙示録を刷り込みしたかの如くです。

世界の諸宗教には、各国、各民族が、地球の場にあって、それぞれに違った地理的環境や風土、歴史的、文化的背景のなかで、太陽、月、星、大地等を信仰の対象にし、人間の存在と宇宙の根源的エネルギーとの統一性の探求をめざしている同根性が認められます。そこには共通して世界の神々は、宇宙の根源的エネルギーを象徴化したものにほかならないという地球的意識の同根性がみられます。

ランボーの詩にある「日毎に昇る太陽を前にして、聖なる唯一の光」を発見しようとする宗教意識の衝動は、全地球的な同位性となっていることをしめしています。

また、ヒンズー教の覚者ラーマクリシュナの「不滅の言葉」にも諸宗教の地球的同根性について、「信仰者たちは、神のことをいろいろな名前で呼んでいるが、ひとりの御方を呼んでいるのだよ。一つの貯水池に、いくつもの水汲場がある。ヒンズー教徒はこちらの水汲場で水をジョルといい、イスラム教徒はあちらの水汲場から水を汲んでパーニーと呼び、キリスト教徒はまた水汲場から汲んでウォーターと呼んでいる。また違う水汲場から汲んでアクアと呼んでいる人たちもいる。一つの神に、いろいろ名前がついているんだよ」と語っています。

こうした意識は、神道における神々の構成にもみられます。「ひらけば、一神は万神を象徴し（一神は万神に展開し）、捲けば、万神は一神に帰する」と、多神教であるにもかかわらず、一神への回帰をつねに潜在的に秘めていて、万神への信仰はすなわち一神への信仰という「万神帰一」の信仰形態がみられます。

さらには、神道は国民がどのような宗教に入信することにも寛容でした。寛容というよりもむしろ、どのような宗教に入信することによっても、国民の誰もが宇宙の「天神《あまつかみ》」の子孫であるという信仰を深めてくれるようになることを願っていたのです。伝統的な神道精神によれば、釈迦もキリストもマホメットも、宇宙の子孫としての一人の人間であり、どのような宗教の開祖も宇宙の子孫として一人の神の子であります。それだからこそ釈迦も孔子もキリストもマホメットも尊いのであり、世界中のあらゆる宗教が尊いと認識していました。

世界の諸宗教の意識と形態が、このような地球的位相によってしっかり結びついていることは、今後に新しい地球的宗教が生まれるようになる可能性に大きな希望を与えています。

なぜなら、世界の諸国民や諸民族がそれとは知らずに、むしろ、お互いにかかわり合うこともなく、時には異端邪教として憎しみ合ってきたのに、逆にわれわれは世界の諸国民や諸民族の宗教意識が、相対的に結び合うようになることに確信をいだけるようになったからであります。世界の諸宗教がこういう地球的相応にあるということは、全地球的な宗教意識がやがて生まれるようになるという可能性をほのめかすものであります。つまり、世界の諸宗教をつらぬいている本質は、イスラエルのヤハウェ神、古代エジプトのラー神、ギリシャの星々の神、光の子イエス、インドの梵《ぼん》、仏教の月、中国の天と道、イスラムのアラー神、ロシアの母なる大地、日本の日本教など、それぞれの神への表徴と信仰形態はちがっていても、それらの宗教が究極にめざしているのは、宇宙の根源的主体「絶対なるもの」への探求にむかっていることがわかります。この「絶対なるもの」はいまや、宇宙と地球と人類とを包み込んで働き、地球の場において神々の和解がはじまろうとしています。

もちろん、そんなに希望がたやすく実現するとは思いません。現実的には各宗教の対立はいよいよ激しく、とうていその和解や融合を許さないようであるとしても、それぞれが対立するのは、各宗教が「絶対性」を主張しながら「相対性」に並存することになっているからであります。しかし、われわれの宗教意識は、その本質において球体的宗教意識に「生の飛躍」をとげる可能性を秘めているのです。

人類にとって最も宿命的なできごとは、人類が重力をもっているということ、太陽系の第三の惑星の重力圏にとらえられていることであります。原始以来、人類が自然に素朴に抱いてきた宇宙的、地球的感情が、現代における地球意識への自覚であります。そして何よりも「地球文明」はこういう地球意識にもとづくものでなければなりません。この宇宙的宗教感情から生まれ出る「地球愛」の精神こそが「地球文明」を創造する核心となります。また地球の環境問題もこうした「地球愛」を土台に、「美しい星」として整えるものでなければなりません。

聖パウロの宗教的覚醒の自覚「もはや我《われ》生きるにあらず、キリスト我《われ》において生きるなり」という言葉になぞって言えば、「もはや日本生きるにあらず、地球の命、日本において生きるなり」という、地球と人間が一体となった「地球愛」精神こそ、日本が世界に向けて発信しようとする信念なのであります。

そして今や世界に向って発信するＩＴ通信網の基盤が用意されました。インターネットの国際的膨張と拡大が、次第に国籍、国境、皮膚の色を越えた「地球意識」の連帯感をもたらしています。たとえば中国政府はチベット争乱、オリンピックの聖火リレー、環境汚染などを国内問題として隠蔽しておきたくも、インターネットの国際的な膨張に抗しきれなくなっています。ことにユーチューブによる映像、ブログの書き込みはほとんど無限ともいえるほど拡大し、世界の出来事、ニュースは事件の発生とほぼ同時に地球をリレーして駆け巡り、瞬《また》く間に世界各国で共有されています。こうしたインターネットの膨張と拡大は国境などの制約を越えた意識、いわば「地球意識」とでも言えるような意識革命をもたらしています。

地球を担うアトラス

かつてアルベール・カミュが提起した「シジフォス的人間」の問題は、近代欧米文明が合理性を追求してきた果てに、人間の文明はしょせん神に逆らって「バベルの塔」を築いてきたに過ぎないのだから、その人間の運命として、反合理的な「不条理」を見いだざるを得ないとしました。そして人間がいかにその「不条理」の運命に耐えながら生きて行くかという課題を提示しました。シジフォスは近代の知的反逆者であり、神に対する自我の反逆という近代人の実存の在り方を象徴しています。

神の秘密を洩らしたギリシャ神話の巨人シジフォスは、その罰として重い石を担《かつ》いで険しい山上に登って行く苦役を課せられます。シジフォスが山上まで石を担ぎ上げると、途端に再び深い谷底に落とされます。シジフォスは黙々と坂道を降り、再び重い石を担いで山上まで登って行きます。その瞬間に石はまた谷底に転がり落とされます。彼は再び谷底に降りて行き、また石を担ぎ上げる苦役が永遠に繰り返されます。カミュによれば、神を否定した近代人は、文明を築きやがてそれが没落していくのを繰り返す「不条理」な運命に耐えていくことだとしています。

しかし、その岩＝文明を「地球文明」だとすれば、人間にはもはやそれを投げ捨てることは許されません。むしろギリシャ神話の巨人アトラスのように、その文明の運命を担いでじっと耐えていかなければなりません。ここに人間は初めて「地球文明」を、自分自身の重荷と思うことができるようになります。

巨人アトラスは、人間の運命は自己自身の底、すなわち大地、人間を支えている基盤、つまり地球にあることを教えています。人間精神の底、精神を支えている基盤は、大地であり、大地こそ人間の運命であり、全人類の普遍的な基盤として、美しく豊かで円《まど》やかな地球であります。地球は人間の運命であり、人間はその運命を担《にな》っているのです。いまや人間は地球を支えるアトラスでなければならないのです。人間が地球を支えるアトラスとして、宇宙空間に立つとき、地球こそが運命に他ならないし、その運命を神の手から人間の肩に渡されたのです。宇宙における地球の地位と運命が人間自身にゆだねられた。人間の未来にどのような地球像を創造するのか、それは人間の自由です。自由は神御自身さえ干渉できないほどであります。人間がそれに気付いたとき、地球を支えて宇宙空間に立たされている巨人アトラス＝自分自身に目覚め、小我は宇宙我となり、神と人間との本質的同一性が自覚され、はじめて忘れていた神に目覚めるようになりましょう。

（補記）…世界の国旗の配列は、拙著『文明の大潮流』（日本教文社刊）に詳細に説明しています。もちろん世界の国旗の配列を細かく見て行きますと、必ずしもこれらの図式にあてはまらない国旗も少なくありません。とくに違っていますのは、フランスをはじめとした人間の理性をシンボライズした国の国旗、ドイツ、イタリア、ハンガリー、オーストリア、オランダ、ベルギーなどと、社会主義革命をシンボルとした国々です。しかし、ここでは違いについて強調することよりも、地球における地政学的な配列の意味について考察してみました。

第三章　「美しい国づくり」の原型

ソクラテスは殺され、プラトンは絶望し、ユートピアそれはどこにもない国と歎きました。釈迦は東方大乗の地に一切を待望して祈り、孔子は道行なわれず、いかだして海に浮かばんとするものでした。その東の海の彼方に、太陽の光の下、平和な美しい国土の上に、老子が理想とした幸《さいわい》たる古代文化が、まさに「大和《やまと》」につくられたのが、その時でした。

「美しい国づくり」の原点

「美しい国づくり」の原点は自国の文化の歴史や伝統にもとづくものとなります。その原型は日本文化の伝統的な神話と宗教または芸術や思想にもとづかなければなりません。「日本神話」は民族文化の生《せい》の様式の原型をしめすものであります。

日本神話などと言うと、なにか古臭いことのように思われますが、神話こそが国づくりの基礎であり、民族文化の生の様式の原型をしめすものであります。民族の滅亡は武力の侵略によってもたらされるものでなく、神話の内なる光が消えることによってもたらされるものであり、神話の否定とともにその文化は没落して逝くものであります。世界の多くの国々の起源は「神の国」であり、その民族は「神の子」でした。たとえばゲルマン族はゲルマンの神々の子孫だと思っていたし、ケルト族はケルトの神々の子孫だと信じていましたが、それらの国々は神話を失うことで、ことごとく滅びてしまいました。

日本神話という民族芸術も、文化人類学および神話学の成立とともに虐殺の危機にさらされています。大林良太氏は『神話学入門』で、「神話の研究は神話の没落とともに始まった」としています。つまり「神話の没落」、「神話の喪失」という国民史的悲劇とともに、学問としての神話学や文化人類学が始まったのです。しかし、日本神話の基調は文化人類学がいうような狭い分析や解剖にだけ限定されるものでなく、「世界の中の日本神話」という視点からみていくことが必要です。日本の神話は文化人類学の範疇をはるかにしのぐ、世界的価値をもつものであり、世界史上の「神話時代」と「宗教時代」とのかかわりから探究していかなければなりません。

本書では、故三島由紀夫氏が指摘したように、遺物や遺跡などに残された「物としての文化」に対して、物語や文学などで日本人の血脈に伝えられた「生命としての文化」、つまり「魂としての文化」を重視しています。「物としての文化」は遺跡や遺構や廃墟として残ります。しかし、「魂としての文化」、詩、文学、戯曲、宗教感情などは「もの」としては残りませんが、生命の伝統として伝えられているのです。

世界史の古代世界は大きく分けて、「神話時代」と「宗教時代」との二つの時代がみられます。「神話時代」に日本列島に建設された縄文文化は、一万二千年前頃から二千三百年前頃に構築された世界最古の文明のひとつでした。日本国民の歴史には、大規模な民族移動や異質の文明との破壊的な衝突もなく、「国ゆずり」の方式で国家を建設してきたという世界で唯一の民族ですから、縄文文化以来の精神的、文化的伝統が、日本文化の基層となって絶えることなく純粋持続しているのです。

この基層という概念は、古代日本人に特有な時間の観念と深くかかわっています。古代の日本人は時間を永劫の過去から永劫の未来へと、川の流れのように流れていくものだとは考えていませんでした。歴史が川の流れのように流れて行くという進歩の概念は、西洋の世界観であり、これを無条件的に仮定したのがニュートンの絶対時間、絶対空間の考え方でした。ところがアインシュタインの相対性理論によって、絶対時間の概念は破られ、時間の相対性と「場」の理論が確立されました。古代日本人の時間の観念はアインシュタインの考えに近く、時間は地層のように積み重なっていくか、樹木の年輪のように年々増殖していくか、空間に降り積もるものであって、空間そのものと有機的に結びついていると考えていました。ですから縄文文化や弥生文化は、どこか過去の彼方に消えてしまったのではなく、われわれ自身のうちに、空間に降り積もっていると捉えていました。

またそれは人間に対する考え方でも同じであり、抽象的に個人を「個」として自覚するのではなくて、その国土に生き死んだ祖先や家族と、それを継いだ自分や子孫の「生命の繋がり」において「個」を自覚してきました。そのような国土と結びついた歴史を、自分自身に引き受け、祖先と自分と子孫の繋がりにおいて「個」があるとしてきました。ですからこうした日本人の生《せい》の様式について、ラフカディオ・ハーンは「死者が支配する国」と呼びました。

また縄文文化は古代世界のエジプト、シュメール、バビロニア、インダス、中国文明、太平洋諸国、中南米諸国などの古代文明と、同時代に形成された文明でした。エジプト文明と縄文文化とがほとんど同時代に形成されたこと、この二つの文明には多くの類似性がみられるとし、遺伝子生物学の安田喜憲氏は、「縄文文化は、エジプト文明と同じく一万年近くの長期にわたって継続し、かつその文化的画期において、民族の移動や侵入の影響が少ないという、世界でもまれにみる特殊性を有していた」としています。

これらの文明は、エジプトのピラミッドに代表されるような、巨大な石づくりの文明を特徴とし、太陽信仰を中心に生活していましたので、「太陽巨石文明」と呼ばれています。

この「神話時代」の人々は、恐らく原始的なアニミズム（精霊信仰）や、シャーマニズム（呪術信仰）を起源とした素朴な自然崇拝にはじまる多神教信仰で、太陽、月、星々、自然の森羅万象の中にすべて神々が内在すると信じ、人間にもまた同じように神が内在する「神の子」「日御子《ひみこ》」だと信じていました。日本の古神道の起源も、太陽信仰の伝統のもとにアニミズムやシャーマニズムの素朴な感情から醸成されてきたものとみられます。

宗教時代の到来

全世界各地に普遍的にあった古代の太陽巨石文明が、紀元前二〇〇〇年頃を境にして、いっせいに崩壊していきました。

あたかもノアの大洪水で流れ尽くされたかのように消えていきました。その時期の主な世界史の出来事だけをひろって見ても、紀元前二〇〇〇年頃から紀元前七〇〇年頃に、古代インド社会がアーリア人の侵入で大混乱期に入ったこと。シュメール文明のシュメール民族が突如消滅。エーゲ海周辺地域で民族大移動が起り、クレータ島のクノソス帝国が崩壊、トロイも破壊しています。そのためギリシャ古代史はトロイ戦争からギリシャ・ペルシャ戦争まで約六〇〇年間が空白時代となっています。また、モーゼの出エジプト、アッシリア帝国崩壊やヒッタイト帝国崩壊、中国では殷、周帝国滅亡、春秋戦国時代に入っていきました。

しばらくこうしたカオスの状態が続いた後に、紀元前五〇〇年ごろから、世界はまたいっせいに「宗教時代」に入りました。中国では儒教が生まれ、老荘思想が生まれ、諸子百家の思想が展開され、インドでは仏教がひろまり、ジャイナ教が土着し、インド思想のあらゆる可能性が展開されました。イランではゾロアスターが壮大な観念弁証法の宗教を説き、イスラエルでは紀元前一六五年頃「旧約聖書」の預言者たちが多数現われ、ギリシャではホメロスの叙事詩が詠われ、パルメニデスやヘラクレイトスからプラトーンにいたる多くの哲学者や悲劇詩人たち、またトゥキディデスの「歴史」や、アルキメデスの

「数学」がつくられました。

この人類史の「宗教時代」の思想に共通していたのは、それらの思想がそれぞれまったく別々につくられたのにもかかわらず、みな普遍主義的な思想を説いたことです。期せずして同時的に普遍主義的な思想が共通してみられたことから、ドイツの哲学者カール・ヤスパースは『歴史の起源と目標』のなかで、この時代を「世界史の枢軸時代」と呼びました。

なお、この「宗教時代」を二期に分けて、これらの宗教思想家たちが活躍した時代を第一期「宗教時代」とし、紀元前後におけるイエス・キリストの出現から五二八年のローマ帝国でのユスティニアス法典の編纂、聖徳太子の活躍した六〇〇年頃、マホメットのヘジラ聖遷の六二二年頃の期間を、第二期の「宗教時代」とみなすものもあります。

第二期「宗教時代」には、ギリシャ文明がヘレニズムのかたちで東西に拡散し、一方ではガンダーラの美術を開花させるとともに、他方ではキリスト教がローマ帝国に入って、ローマ・キリスト教としてヨーロッパ中世期の基礎をつくりました。中国では漢時代に仏教が伝わり、六〇年頃から雲岡《うんこう》の石窟《せっくつ》の開鑿《かいさく》がはじまりました。日本では七一二年に『古事記』、七二〇年に『日本書紀』が編纂され、古来の神道の宗教感情が、観念思想となっていきました。

しかし、こういう儒教、仏教、旧約、ギリシャ思想などの高度宗教に接触したことで、それ以前の「神話時代」にあった素朴な宗教感情は、ことごとく失われていきました。たとえば、エジプト、シュメール、インダスなどの北アフリカや中央アジアにひろく広がっていた「神話時代」の宗教感情は、イスラム教の拡大とサラセン帝国の発展によって消滅し、ヨーロッパ全域に広がっていたゲルマンの神々は、キリスト教の一神教信仰のもとにことごとく虐殺されてしまいました。

人類史はこういうさまざまな神々の生と死を経験してきました。そのなかにあって、古代「神話時代」の宗教感情をそのまま現代に伝えているのは、ユダヤ人の「ユダヤ教」と日本人の「古神道」を起源とした「日本教」だけです。ユダヤ教は「旧約聖書」以来の一神教で、「日本教」は「古神道」を源流とした多神教という違いがあります。各地に離散したユダヤの民は、神に選ばれた民として『タルムード』を拠り所にして、伝統文化を維持し、日本人は天孫降臨に従った天孫民族と信じ、万世一系の「天皇」をいただいて伝統文化を継承してきました。

ともあれ人類史を総体的にみると、「宗教時代」以後の歴史はたかだか二千余年に過ぎず、それに反し「神話時代」は、少なくとも一万数千年の歴史を経験しているわけですから、大脳生理学的にみましても、人類の歴史意識の底辺には、「宗教時代」以降における意識よりも、「神話時代」の時間の方がはるかに長い民族の記憶として潜在意識に内在していることが推測されます。

日本民族のルーツ

日本文明が、東アジアの中国、韓国などと類縁関係をもたない、独自的な文明であるという考えは、サミュエル・ハンチントンの『文明の衝突』以来ひろまっています。たしかに日本文明が中国や朝鮮半島の「大陸アジアの文明」と異なった、「海洋アジアの文明」であるという意味では肯《うなず》けます。

しかし、日本民族のルーツをみれば、日本人が「一民族・一国家」であると考えるのは、大きな迷信です。民族的起源からみても、日本人は非常に多くの人種や民族が入り交じって構成された混血民族であります。日本人を構成した異民族の流入ルートには、少なくともつぎのような混入が考えられています。台湾・沖縄から九州へのルート、南太平洋諸島から小笠原諸島を経て関東に上陸したルート、中国大陸から東シナ海を経るルート、朝鮮半島から壱岐・対馬を経るルート、千島列島から北海道に渡るルート、シベリア・樺太から北海道へのルートなどです。これらの東西南北の四方から、それぞれの神々を信仰し、言語も異なり、それぞれの風俗習慣を保って日本列島に押し寄せた雑多な民族が混淆して日本民族となったのです。日本人が異質な外来文化の受容につねに柔軟であったのも、こういう混血性によるのではないかという説もあります。

日本文化を孤立させた決定的な起因は、日本列島をめぐる気象上の変化でした。約一万二千年前頃から一万一千年前に最終氷河期が終わって、対馬海峡も津軽海峡も間宮海峡も渡れなくなり、千島列島も分断され、ユーラシア大陸から孤立したまま、縄文文化は約一万年間も日本列島で独自的に存続して、旧石器文化と土器文化とが切れることなく直線的に結ばれることになったのです。この孤立が「大陸アジア文明」と異質で独立した、古代太陽信仰の巨石文明と緊密に関連させて「海洋アジア文明」を形成していきました。

日本がこの海洋アジアの独自性をもった文明という自立意識は、聖徳太子が隋《ずい》の皇帝へ送った国書、「日出づる処《ところ》の天子、書を日没する処の天子に致す。つつが無きや」に、美事に表現されています。日本文明の独立宣言とでもいえましょう。

これらの孤立した島での雑多な民族の混淆から、三内円山《さんだい》遺跡に代表される日本の古代文化、縄文文化が建設されました。けれど、縄文文化の起源については多くの学説が一万二千年前頃から二千三百年前頃に構築されたと、一万年近くも年代に差があるほど大幅な推測をしていて定説がみられません。最も確からしいのは、各地のさまざまな古代遺跡について、遺伝子レベルで比較研究している安田喜憲氏によれば、古代エジプト文明と日本列島における縄文文化とが、ほとんど同時代か「少なくともエジプト古王朝によるピラミッド建設より推定で五百年前に形成された」こと、またこの二つの文明には多くの類似点がみられることを強調しています。

また、日本の縄文文化と古代シュメール文明や、バビロニア文明との類似性を指摘する研究も少なくないのです。これらの説にしたがうとすれば、日本の縄文文化は、古代世界のシュメール、バビロニア、エジプト、インダス、太平洋諸国、中南米諸国などの太陽巨石文明と、同じ呼吸を共有していたということができましょう。

混沌神話と秩序神話

神話学的な分類では、世界の神話形式は大きく分けて二種類があります。一つはユダヤ教、キリスト教、イスラム教などの「秩序神話」です。もう一つは古代シュメール、エジプト、古代インド、中国、東南アジア諸国、朝鮮民族、太平洋諸国、日本などの「混沌神話」です。またこれは単純系の文明と複雑系の文明として分類されています。

「秩序神話」では、神は唯一絶対の無条件の「ゴッド」です。その神はどこから生まれてきたのではないし、他の神を生むわけでもありません。その典型は「旧約聖書」の冒頭にある「創世記」に「はじめに神は天と地を創造された」と書かれているように、神は唯一絶対で、無条件に存在しているという観念であります。

比喩的にいうと、それはオーケストラの美を追求したヨーロッパ文化の源泉の感情であったといえます。神はさながらオーケストラの指揮者で、全楽器部門を統一し、すべてが共同して、同じ愛の交響楽のメロディを奏でます。オーケストラの総指揮者としての「ゴッド」は創造主であって、宇宙と万物と人間を創造し、神の創造は宇宙と万物および人間にオーケストラの美をもたらしました。そこでの神と人間の関係は、舞台上のオーケストラとそれを観賞する客との間が、「見るもの」と「見られるもの」とが厳格に区別されているように、創造主の神と被造物の人間とが厳格に区別された信仰意識です。

ところが「混沌」神話はまったく構成が違います。太初に混沌がひろがっていて、宇宙の初めは混沌だとしています。「混沌としてけじめのない太初のよどもり、物象はすべて無で、永劫の虚《むな》しさ」だとします。その虚無からの神の出現ということは複雑系の概念で、その「場」で自己自身を触媒として創発していくという自己組織化の進化過程なのであります。こういう自己組織化の過程は、デカルトやニュートンの物理学やダーウィンの進化論などの単純系の概念では理解できません。混沌からの自己組織化として出現する神は、最大の生命で、最高の真理で、絶対無であるとともに、宇宙そのものの時間、空間、エネルギー、生命、人間、その他の一切が、混沌からの自己組織化として「生成」に発展します。それは混沌たる宇宙そのものの動的な「生成」といえます。

その本源神は「隠れ身」としてあり、絶対無で、絶対の「中」であり、その絶対無の「生」の働きとして、次ぎつぎに神々が生まれ出て、宇宙、時空、エネルギー、地球、万物、人間に、それらの神々が生きているというものです。球体的な「神々のシステム」が、織物のように織られていると捉えます。そこでの神と人間との関係は、オーケストラと指揮者と観客との関係というような、「見るもの」と「見られているもの」という対称的関係ではなく、神々のシステムとして、宇宙、万物、人間を、「縫い目のない織物」に仕立てるように、人間もこの「織りこまれた秩序」の中で、生かされているという意識です。そこでの人間の「個」の認識も、祖先と自分と子孫との生命のつながりが「隠れ身」において自覚されるのです。

こういう宇宙観のもとでの自然観、人間観から、たとえば佐藤春夫の「樹」のような詩情が生まれてきます。

樹よ　樹よ
秋のわが庭の樹よ

もの言はぬ樹よ
動かざる神の僕たちよ
すなほなる宿命論者たちよ
樹よ　見てあれば
そろぞに　われは
汝らよりおとれるごとし

宗教時代におけるギリシャと日本の対応

この「神話時代」から「宗教時代」に移行した、世界文明の大転換期において、最も対照的な反応を示したのはギリシャと日本でした。

ホメロスや多くの悲劇詩人、ソクラテスやプラトーンの哲学、ピタゴラスやアルキメデスの数学などで代表される古典ギリシャ文明といわれるものは、古代太陽巨石文明の終焉後に築かれたもので、そのことごとくが古代文明の継承とみなされたものでした。ただしそれをすべてギリシャ風にアレンジして、古代文明がもっていた超越性や超人性を否定し、人間化し、擬人化し、彫刻化したのです。最も特徴的なことは「神人分離」の思想が一般化し、神に対するロゴス（言葉、理性）による認識が始まったことです。認識とは人間が主体となって、客体・対象として神や人間を捉えることです。認識構造では主体としての人間が、客体としての神や人間について、「神とはなにか」「人間とはなにか」と問いかけ、人間理性で納得して捉えていきます。人間理性が納得しないものは信仰の対象とはならないのです。

しかし、日本では古代の太陽巨石文明時代の素朴な宗教感情が、そのまま「宗教時代」にも受けつがれ、人間を「神の子」「太陽の子」「日御子《ひみこ》」とみなす神道思想として、観念化され意識化されたのです。「神話時代」の太陽巨石文明を建設した人々は、混沌とした無の進化過程で生まれ、宇宙、地球、自然、人間などの森羅万象の中に、神々をみていました。そうした多神教的感情は、「宗教時代」に観念として結集されていき、『古事記』や『日本書紀』が編纂されました。神道の宗教感情は、この太陽巨石文明を建設した人々の多神教的宗教感情の伝統のもとに生まれ、「宗教時代」に意識化されたものでありま す。神道の自然観では、宇宙創世のときに働いた「天之御中主《あめのみなかぬし》」の宇宙的エネルギーが、いまここに、山そのもの、海そのもの、森そのもの、川そのもの、湖そのもの、滝そのもの、人間そのものとなって、潜在的に「織りこまれた秩序」として働いていると捉えました。たとえば芭蕉は、

この松の　実生《みばえ》せし代や　神の秋

と、印象的に詠んでいます。それは現在「いま」の「この時」は過去や未来と切り離された無機的な時空体ではなく、「この松」の実生《みばえ》がそのまま「神の秋」とつながっているように、「いま」の瞬間は、過去とも未来とも有機的生命的につながっているということでした。この「いま」の思想が「中」の思想と結びついて「御中《みなか》」といわれています。「御中」ということは、ライト、レフトに対するセンターという場所的な「中」の意味でもないし、過去・現在・未来という時間的な「中」でもありません。「神の秋」という天地初発の時に働いた宇宙エネルギーをもった神の命が「いま」の「この松」となって生成《せいせい》

化育《かいく》しているように、天地万物あらゆるものが、この宇宙的な神の命を生きている、生かされているという自然観であります。だから人間も「いま」現在「ここに」、神の命を生きている、生かされているとします。「御中《みなか》」と「今」とが合体し、「今」が「御中」の時にほかならないということで、神道では「中今《なかいま》」という宗教観が生まれました。それはアインシュタインが提起した「時空連続体」という概念にきわめて近いものでありました。

こういう天地初発の時に働いた宇宙的エネルギーが、「いま」も働いている時間であるという「中今」の思想は、たとえば北畠親房の『神皇正統記』にも、「天地の初めは今日を始めとするの理《ことわり》あり」と書かれていますし、また明治維新の中心的理念が「神武創業」の理想を「いま」実現するのだという意味で「御一新」とよばれたりしました。この「中《なか》今《いま》」という考え方は、聖徳太子による神道思想の体系化以来、日本の伝統的な思想の核心となって伝えられています。

第四章　国土と心の荒廃

人間は愛情によって育ち、愛情によって死から救われる。病める人を救う者は、病める心を救うことによって、その肉体の苦しみは失われる。

「ふるさと」のぬくもり

「美しさ」ということは人それぞれの感性がからんだ主観ですから、民族によって、また個人の好みにより美しいと感じるのはさまざまです。ピカピカに磨かれた床や家具が整った現代風の家屋を美しいと感じる人もいるし、小堀遠州や千利休がつくったような、簡素な家屋や茶室や庭園を美しいと感じる人もいます。欧米人のように部屋や家具などすべて幾何学的に均整のとれた造型を美とするむきもありますし、中東のイスラム系諸国・民族のようにモスク寺院やアラベスクを美とする国民もいます。

同じように「あたたかさ」にもいろいろあります。電気ストーブの暖かさもあれば、幼な子の冷たい手を握って暖めてくれた母親のぬくもりのような暖かさもあります。そこには測温計での計測は無意味です。電気ストーブの放射熱が何度で、母親の体温が何度だと計測してみても、電気ストーブの熱は無機的な熱で、幼な子を抱きしめる母親のぬくもりには、あふれるほどの愛がこめられている有機的な熱だからであります。

愛し合う男女にとっては、恋人よ「美しくあれ」という、切実な愛や祈りがすべてに優先し、世界で最も美しいのは恋人であり、その恋心では美醜の価値判断を超えています。恋人は世界でただ一輪に咲く花であり、そこにはなにものでも切れない愛、人間の心の堅い絆《きずな》があります。

また人によっては、数学や幾何学の美しさに憧れますし、物理学の美、生物学の美、医学の美、細菌学では細菌やウィルスを美しいと感じるむきもあります。政治学、経済学、社会学、地理学、歴史学、宗教学、哲学などで、さまざまな美しさがあります。哲学は精神を美しく建築します。そして音楽と数学と建築は美しさの三姉妹です。

天文学や宇宙物理学では、大宇宙の法則や運動、星々の生誕、衝突、爆発、終焉などに宇宙の美と神秘を観察しますが、それは人間の宇宙的宗教感情と共鳴するものがありますし、その宇宙的宗教感情もまた「美しい国づくり」へ導くものでもあります。

こうした「ふるさと」のぬくもり、親子の情、恋人どうしの愛、友情、学問の美、隣近所の結びつき、地域社会の連帯、民族共同体としての国への愛、国際的協調などの地球愛を再建し再創造することが、「美しい国づくり」の目標になります。「美しい国づくり」はこれらのすべての美を包含するもので、これまでは「強い国づくり」という効率の観点から捉えてきましたが、これからは「美しい」という観点から見直さなければならないわけです。

「ふるさと」の荒廃

日本の「国」という理念には、もともと「ふるさと」という意味あいが強いのですが、戦後の日本はその国という「ふるさと」を無視してきました。経済のグローバル化によって都市は栄え、地方は衰退し「ふるさと」は悲惨なまでに荒廃し、今では「ふる里は遠きにありて思うもの、そして悲しくうたうもの」になってしまっています。

「ふるさと」は自然の美しさとともに、人びとの「心のぬくもり」でもあります。「ふるさと」の荒廃は自然の荒廃とともに、心の荒廃をも意味します。明治初期までの日本は外国人が驚嘆したほどに美しい国でありました。今は経済的に富んでいますが、国土と心の荒廃は見る影もありません。

日本がまだ「富国強兵」を求めていた近代化競争の段階では、多くの都市や村々の景観については顧みられず、ほとんど配慮する余裕もありませんでした。とくに大東亜戦争の敗戦で、東京・大阪・名古屋・広島・長崎をはじめ多くの地方都市が戦災で灰燼《かいじん》に帰しました。それは新たな国土計画を行うよい機会でしたが、戦後六〇年たった今でも、全国の多くの町や村が、戦後復興の名残りのまま無秩序に放置されています。この無秩序な町並みの発生は、「経済大国」を目指した政策と、歪んだ個人主義や、経済第一主義と無関係ではありません。歴史や伝統を無残に切り捨て、日本国民の道徳と美意識を破り捨ててきた戦後の風潮そのままといえます。

このような荒廃の景観の下では国民の心も荒《すさ》みます。景観は人間の心を映す鏡であり、醜い景観は醜悪な人間の心の投影です。凶悪犯罪の増加、少年犯罪の激増と低年齢化、家庭の崩壊、教育の崩壊などは、けっして無秩序な景観と無縁ではありません。それはかつての日本人が持っていた、自己を抑制する自制心や、他人を気づかう細かな配慮などの美徳を放棄してきた、戦後の風潮を映しだしています。

ですから「美しい国づくり」はなによりも「ふるさとづくり」でなければなりません。

悲惨なまでに荒廃した「ふるさと」を再建、再創造することが、第一の目標であり、美しいふるさとを「美しい国」の土台にしなければなりません。

仁に里《お》るを美となす

いま日本全国どこへ行っても「小東京」の景観です。大部分の都市は行政の無為無策でアメーバのように繁殖したバラック群が全国に広がってしまいました。経済成長のまま無計画に野放図に膨張してしまった東京がその典型といえましょう。ファーストフード店、ショッピングモール、量販店、コンビニエンスストア、銀行、マンションなど、無秩序で産業主義の巨大な建築や毒々しい看板が林立しているし、全国の主な駅周辺における放置自転車の混雑、消費者金融の看板群、音量一杯にしたスピーカーから流される流行歌の騒音にうんざりさせられる。それらはどこを見ても「美しい国」とはいえません。

「富国強兵」の段階でつくられた悪い景観をより醜悪にしたのは、戦後の経済成長でした。それは闇雲に近代化路線を突っ走って、都市の伝統文化を破壊し去りました。その象徴が一九六四年の東京オリンピックでした。もちろん東京オリンピックが、日本国民に大きな夢と数々の感動と勇気を与えてくれたことは否定できませんが、そのために巨大な国立競技場や日本武道館ができ、新幹線やモノレールがつくられ、都市の空間を縦横に走る高速道路に驚嘆させられました。ゼネコンは日本全国いたるところにビルを建て、橋を架け、ダムも、港湾もつくりました。東京オリンピックはその功績の反面では、日本橋の上を暴力的に高速道路をかぶせるという醜悪な景観を残しました。まだまだ猥雑な都市景観はあまりに多くあり、これがあの千利休を生み、小堀遠州を生み、数々の芸術の傑作を生みだした同じ民族なのかと疑いたくなるような景観です。

日本の成長路線を支えてきた技術者たちはそうした反省から、「美しい景観を創る会」を発足させました。同会事務局の森野美穂氏によれば、「土木や建築のドンたちは、国のために必要だとして醜いモノをつくってきた。創る会はその罪滅ぼしですね。贖罪意識から自分で後始末をつけよう」と語っています。

けれどその一方で、岡山の後楽園は高い樹木を植えて周囲の高層ビルを隠している。オール電化にすることを条件に、関西電力から電柱の地下化を獲得した住宅街。京都や金沢では、町家を守り、土塀を保護して「千年の都」「百万石」らしさを誇っています。人も都市も自分らしさを優先させることで魅力をもち、「美しい国づくり」の土台となるのです。

醜い景観よりももっと醜悪なのが、最近の人間の心の汚染であります。後でも書きますが、吉田松陰の詩でいえば、「昔ながらの山川」に「恥づかしからぬますらを」どころか、「昔ながら」の自然も破壊し、人もまた醜悪になってしまったのです。

先に「美しい」とは、人それぞれ個人の主観によると書きましたが、それでも美しいものに共通した普遍的な基準があります。人を思いやり、相手を思いやり、社会を思いやり、世のため、人のために役立つことを願って生きようとする心は美しいことです。これこそがあらゆる社会の連携の基礎となります。地域社会の底辺での隣近所の助け合い、都市や村落共同体の協力など、この思いやりの共同体をつくることが、「美しい国づくり」の基盤となります。ですから古くは『論語』にもみられるように、「仁《じん》に里《お》るを美《び》と為《な》す。択《えら》びて仁におらずんばいずくんぞ知《ち》なることを得ん」（人を思いやり、なにか世のため人のために役立ちたいと生きることは美しいことである。そうでなければどうして幸福な人になれようか）と、人間の社会生活の中心に、思いやりの「仁」を置いています。もし、他人への思いやりができなくても、微笑むことはできます。他人に優しい言葉をかけたり、「ありがとう」と言うことはできます。

しかし、現状がどんなに荒廃しているかのように見えたとしても、日本人の心のなかにはまだ「ふるさと」が確実に生き残っています。「地球と人間の共生」で触れましたように、日本人の宗教観は自然観と微妙にからみ合い、「みずから花のように、自然の中で生きていく素朴な心」が潜在しているからです。「美しい国づくり」は、この潜在する心を蘇らせ、なによりも「美しい自然」を取り戻すことから始められなければならないのです。

日本語の乱れ

都市の景観の猥雑さとともに混乱を呈しているのが日本語です。国語の乱れ、語彙力《ごいりょく》の低下、敬語の間違いなど、日本語の混乱は、日本語で日本文化を伝えるのが難しくなっているほどです。これは亡国の兆しではないかと憂える人々さえいます。そんな危機感から最近では、斉藤孝著『声に出して読みたい日本語』をはじめとして、日本語ブームが起こりました。実際に学生に接している大学の講師でも、義務教育で身につけるべき表記や語彙、文法すら備わっていない学生が多いので、普通の方法では授業が成り立たないと嘆く講師が少なくないのです。英語科目を担任する教授でさえ「英和辞典」の訳語を説明するのが、英語教育のほとんどとなっているといわれる状況です。英語を訳す日本語ができていないというわけです。独立行政法人「メディア教育開発センター」の国語能力調査では、国立大生の六パーセント、私立大生の二〇パーセント、短大生の三五パーセントが「中学生レベル」と判定されたといわれています。

こうした現象は大学生に限ったことではなく、社会人から子供まで予想以上に日本語のコミュニケーションができなくなってしまっています。とくにパソコンや携帯電話の普及で、漢字が書けない世代が増えています。漢字を書くということは深く考えるということであり、携帯メールのコミュニケーションでは、新しい語彙を獲得するのはほとんどできません。

たしかにごく一部では、美しい日本語を語り、歌い、演じるという、「日本語復権」の試みが、古典芸能、演劇、音楽、テレビなどでみられることも事実ではあります。ことに東京都世田谷区は平成十六年に、全国で始めて「日本語教育特区」に認定されました。そこではすべての区立小中学校で、週に一、二時間、論語や漢詩などの古典を教え、語彙を中心にして古典のリズムを体感するという試みが始まりましたが、ようやく始まったばかりのごく一部の挑戦に過ぎません。

日本語は日本の文化であり、言葉は心の表現であるとするならば、「美しい日本語」の復権は「美しい国づくり」として急務な課題となっています。数学者である藤原正彦氏の海外生活経験によれば、「国際的に通用する人間になるなら、まず日本語を徹底的に固めなければダメです。英語がたどたどしくても、なまってもよい。内容がすべてなのです。そして内容を豊富にするには、きちんとした国語を勉強すること、とりわけ本を読むことが不可欠なのです」。外国で尊敬されるのには英語が上手か下手かによるのではなくて、日本文化についての教養や見識があるかどうかだ。それには日本語で正しい表現ができない人は、外国語で正しい表現はできないとしています。(『国家の品格』)

神話と文化の伝承

なぜ国語かと言いますと、植物や動物は生殖行動によるＤＮＡでの情報しか子孫に伝えません。しかし、人間はＤＮＡによる情報伝達以上の情報を子孫に伝えようとします。それが言葉であり、国語であり、神話や芸術、その他の多くの文化情報であり、さまざまな文化の伝承・伝統であります。

植物や動物はＤＮＡで情報を伝えると、つまり生殖活動を終えると、その個体は間もなく死んでしまいます。セミやチョウやカマキリなどの昆虫類や魚類などにはその例が多いし、犬、猫、猿、トラ、ライオン、ヒョウ、亀、ワニなど、多くの動植物は個体が生存中に何回も生殖するものでも、ＤＮＡでしか情報を子孫に伝えません。狩りや獲物の取りかたなどをその子に学習させることがあっても、ＤＮＡによる情報伝達が基本であります。ところが人間は生殖活動を終えても、中年期、壮年期、老年期は長い期間続き、ＤＮＡによる情報伝達以上の情報を伝えようとしています。

もともと人間の性的営みには、たんなる生殖活動という意味は薄く、性交渉のさいに女性がエクスタシーを感じるのは人間だけだといわれています。人間の性交渉には発情期がなく、逆にいえば月経期をのぞいて何時でも発情期ともいえます。人間以外の動物では、群れのボスが群れ全部のメスを独占することはあっても、それは自分の強健なＤＮＡを伝えるためで、人間におけるような男女の関係ではありません。

こういう人間の中年期、壮年期、老年期における最も重要な活動が、文化情報を子孫に伝えようとする活動、すなわち神話や文化の伝承であります。神話や文化の伝承は、中年期、壮年期、老年期における恋愛関係に似ており、それは妊娠のない性交渉、生殖にはかかわりのない恋愛関係ともいえます。共同体における神話や民話その他の文化の伝承が、長老の物語や知恵として伝えられるのは、共同体の愛といえましょう。

そのことをよくあらわしていますのが、「能楽」「能」の芸術であります。能舞台の入り口にはかならず幕が下がっています。その幕は現実と「幽玄」の世界との仕切りであり、幕を通って長い廊下を渡ると「幽玄」の世界に入るという約束事であります。「幽玄」の世界とは、あの世「彼岸《ひがん》」の世界ということではありません。もし、現実を「此岸《しがん》」の世界だとすれば、「幽玄」は「此岸」と「彼岸」とが交錯する世界であります。「能」は「此岸」と「彼岸」とが交錯する微妙な世界を芸術的に構成した「象徴」の芸術であり、「此岸」のことなのか「彼岸」の出来事なのか、夢か幻か容易には判別しがたい、微妙に入り組んだ世界であります。後で述べます芭蕉の「京にても京なつかしやほととぎす」の句と相通じる「象徴」の芸術なのです。能の世界で「彼岸」の人が「此岸」の世界の人に語りかける、そこには憎悪、怨念、情愛などさまざまな感情がこめられていますが、「彼岸」の世界と「此岸」とのコミュニケーションの「象徴」の物語として神話がつくられ、神話が語られ、その他の文化が伝承されてきました。それを語り、伝承することが、生殖活動にとどまらない人間の生の営みなのだと思います。

しかし、現在の崩れゆく日本文化の中でとくに「長幼の序」が失われつつあることは、まことに遺憾であります。「長幼の序」はたしかに儒教に起源しますが、日本国民の心性に深く染み込んだ社会の秩序意識であります。「長幼の序」を重んじるということは、理屈ではなく価値観の一方的な押しつけです。伝統文化の継承は多くの場合理屈ではなく、「ならぬことはならぬものです」、ただそれだけの理由によります。この言葉は江戸時代の会津藩が若武者に対する七カ条の「什《じゅう》の掟《おきて》」の結びの文句であり、藤原正彦氏は著書『国家の品格』の中で「本当に重要なことは、親や先生が幼いうちから押しつけないといけません。たいていの場合、説明など不要です。頭ごなしに押しつけてよい。もちろん子供は、反発したり、後になって別の新しい価値観を見出すかも知れません。それはそれでよい。初めに何かの基準を与えないと、子供として動きがとれないのです。野に咲くスミレは美しいことは理論では説明できない。モーツァルトが美しいということも理論では説明できない。しかし、現実に美しい。卑怯がいけない、ということすら論理では説明できない。要するに、重要なことの多くが、論理では説明できません。論理で説明できない部分をしっかり教える、というのが日本の国柄であり、またそこに我が国の高い道徳があったのです」と書いています。

先ほども述べましたように、人間はＤＮＡによる肉体的な動物的本能の伝達以上の情報を子孫に伝えようとします。先祖代々の文化的秘儀の伝達、父親から子へ、子から子孫へ、子々孫々へと、芸術的秘儀やその他の文化的価値の情報を伝えます。これが世界のすべての民族にとって不可欠な、文化共同体たる民族の伝統文化の継承する「長幼の序」の意味なのです。日本人はなぜ墓参りするのか、なぜ先祖供養するのか、なぜ慰霊碑を建てるのか、なぜ靖国神社に参拝するのかの意味もそこにあります。

第五章　日本の美意識

日本の芸術の特質は、自然と精神の分ちがたい一体性、時空の自己実現としての永遠なるものへの帰一、人間と宇宙エネルギーの調和をめざす生命と感情の芸術であり、あらゆる意味における「愛」の芸術であります。

日本美の特徴

われわれの心の歴史を通して形成されてきた日本美の特徴は、「象徴美」ということにあります。「象徴」ということにはいろいろな意味が含まれていますが、最も直接的な意味では「現実のものに永遠を含ませる」ということであります。芭蕉は、

京にても　京なつかしや　ほととぎす

と詠みました。芭蕉は実際の京都に居りながら、なお「京なつかしや」と詠んでいます。芭蕉がなつかしんでいるのは、現実の京都を通して「永遠の京都」の実相を、直情的にひたすらになつかしむことなのです。それは漠然と観念的に「永遠の京都」を追い求めるとか、現実の京都に絶望して昔をなつかしむのではなく、「現実の京都」に居て現実の京都をふまえながらも、なお「京なつかしや」と鳴く「ほととぎす」でなければならないのです。永遠が永遠として、現実から離れたり抽象化された観念であってはならないわけ

です。現実のなかに永遠を見、永遠の流れを今の瞬間に切り取り、永遠の相のもとに現実を見るということが「象徴」「象徴美」の特徴であります。

日本美の第二の特徴は「象徴」という考え方とつながっていますが、「神話的感情の現実化」という思惟であります。

「神話的感情の現実化」などというと、何のことかと思われますが、日本は古神道の神話的感情が、今も現実に生きている国だといえます。年末になると日本各地で盛大にクリスマスを祝うとともに、それとほぼ同じ規模で初詣が賑わうし、各地の神社には参詣の人波が絶えない上、季節ごとに神社でのさまざまなお祭りに人々が群がります。先に書いた「この松の　実生《みばえ》せし代や　神の秋」という芭蕉の句のところで解説しましたが、日本人は無意識にしろ、現在のわが命は神の命と直接につながって生きている、生かされているという、神話的感情で生活しています。もちろん神社に参詣する人の祈りや願いには、無病息災、家内安全、商売繁盛などの現世利益、なかには大学入試合格祈願やプロ野球球団の優勝祈願など、奇妙な現世利益の祈願さえもあります。

こういう「神話的感情の現実化」といった感情、感性が「見える情報」よりも「見えない情報」を尊重する、つまり「空白の間」を重視する、能、舞踊、人形浄瑠璃、歌舞伎その他の戯曲や邦楽での言葉や音曲における「空白の間」に力点を置く特徴をなしています。「見える」美徳より「見えない」陰徳、「見える」おしゃれよりも「見えない」ところにおしゃれするのを「粋《いき》」とする美学が、日本の芸術観、宗教観、生活観にも深く浸透しています。

日本人の自然観と宗教観

日本美の第三の特徴は「人間と自然との一体感」であります。

人間と人間との友愛の絆に結ばれた、人間相互の固い約束の倫理として、武士道精神がありました。武士道については後でも触れますが、武士道精神はなにものにも代え難い、日本精神の核であり、冠絶して世界精神史上にそびえ立った高峰といえます。武士道精神の根源には、「人間と自然との深い絆」が見られます。武士道精神には人間相互の固い約束の他にも、「花は桜木、人は武士」といわれるように、桜を愛し、梅を観賞し、紅葉を慈しむ自然への優しい心情を備えたものでなければならなかったのです。武士の自然への感情は、いわば宗教的感情に近いものでした。

先にも触れましたが、フランス印象派の画家ゴッホは、日本人の自然観と宗教観との微妙な混淆について、日本人は「みずから花のように自然の中に生きている。こんなに素朴な日本人がわれわれに教えるものこそ、真の宗教ではないだろうか」としています。そこには、日本人の自然観と宗教感情との本質的なかかわり合いがよく表されているといえましょう。

また、日本人の自然観と武士道精神との本質的なつながりをよく表しているものとして、吉田松陰のつぎの歌があげられます。吉田松陰が安政六年に長州藩の幽閉から江戸での吟味取調べのために護送されていく途中、安芸国を過ぎるとき、

安芸国　昔ながらの山川に　はづかしからぬ　ますらをの旅

と詠んでいます。その歌は自分の罪を幕府の吟味のさいに長州藩に転化するようなことはしないという意味でした。しかし、その歌にはまた日本人の自然観や宗教観とが分かちが

たく一体となった表現がにじみ出ています。武士道精神とは「昔ながらの山川に」恥ずかしくない者であろうとする精神に他なりません。そこでは「昔ながらの山川」という自然は、人間の外に客観的な対象としてしらじらしく存在しているのではありません。恐らく人間と自然との「共生」という意味からも隔たっているでしょう。人間と環境との「共生」ということ以上に、自然があまりにも深く人間精神の内に入り込んでいます。この山も、海も、川も、林も、湖も、自然のすべてが、人間と生命を分かち合い、同じ生命を生きている一体なのだと信じるところから「武士道」という精神が創発してきたともいえます。つまり「武士道」とは、自然そのものの精神的な自己組織化なのだといえましょう。「美しい国づくり」を目指す日本も、この精神のように、自然を保全し、再創造し、美しい日本の自然に「恥ずかしくない」ように生き、考え、行うことが求められています。美しい日本の自然は、日本人の心の鏡であり、自分自身をその鏡に映しだして己の本心を清めることです。

磨《とぎ》なをす　鏡も清し　雪の花　（芭蕉）

自然は外的な対象ではなくて、誰れの心の中にでも内在しているものです。こうした美しい自然を再創造し、それに「恥ずかしくない」心をつくることでありましょう。新しい文明の最高の目的は人間の人格を高めることでもあります。

大功は拙なるが如し

日本美の第四の特徴は「大功《たいこう》は拙《せつ》なるがごとし」ということです。日本美について、日本の芸術は自然に服従し、何らの手ごころも加えないかのようにいわれることもありますが、実際にはそうではないのです。むしろ非常に洗練され、極度の加工をほどこしながらも、あたかも自然そのままであるかのように、何も手を加えず「自然のままに」できたかのごとく自然らしくあることを究極の美としています。それを世阿弥は『風姿花伝』で、「秘するが花なり」と言い、一四、五世紀の画家如拙《じょせつ》は「大功は拙なるが如し」として、自分の画号を「如拙《じょせつ》」としました。

フランス構造主義学派のクロード・レヴィ＝ストロースは日本文化の特徴を、「極度の入念さ」にあるとしました。たしかに日本の芸術作品には「極度の入念さ」とでもいうべき、綿密で細密な絵画や工芸の諸作品がみられます。けれどもそれだけに留まらず、「極度の入念さ」を込めて創った作品に、その「極度の入念さ」が表面に現れてしまうことを警戒し、「極度の入念さ」が表に現れてしまったような作品はまだ未熟だとしました。できあがった作品は「極度の入念さ」を込めて造っていながら、まるでなんの人工も加えなかったかのように、ひとりでにできた生成物か、自然物のように成ることを「みやび」として貴《とうと》んできました。この「極度の入念さ」でありながらも、あたかも自然にできたかのような「みやび」を貴ぶという精神は「茶道」にも通じています。

岡倉天心の『茶の本』によれば、「茶道は美を見出さんがために美を隠す術であり、あらわすことをはばかるようなものをほのめかす術である。この茶の道は、おのれにむかって、落ち着いてしかし十分に笑う気高い奥義である」といわれています。なんのてらいもなく、稚拙ぶるでもなく、自分に向かって自分を笑うことのできる気高さです。

同じように千利休がまだ紹鴎《じょうおう》の弟子であった頃、利休は庭の掃除を命じられて庭園へ行くと、庭園はすでにきれいに掃き清められていました。そこで利休は庭木を静かにゆすり数枚の葉を落としますと、掃き清められていた庭の上に落ち葉が散ることでよりいっそう自然の風情が深められました。紹鴎はそれを見て、利休が「茶の心」すなわち日本文化の「かたち」に秘められた「象徴」の精神を会得したのを知ったとされています。茶道は武士道と並び、日本の美的宗教を構成している重要な要素であります。

また同じようなことですが、利休が寵愛した茶碗はいかにも素朴で、なんの変哲もないむしろでき損ないのような風情で、ごく普通の庶民の生活用具のようでさえありましたが、それは知性的計算をし尽くした傑作であればこそ絶品とされてきたわけです。茶室も庭園も人工のかぎりを尽くした幾何学的造型なのですが、その人工的努力を少しも感じさせないことが「茶道」の「美のかたち」なのであります。

利休は戦国武将に造園の心得を問われて、「とかくあまり綺麗すぎるのはよくない」と答え、それでは「むさくるしいのがいいのか」と反問された利休は、「清潔であるのでさえ宜《よろ》しくないのに、むさいのは良いはずがないだろう」と厳しく応じた話は、日本文化の「美のかたち」をよく表現しています。

秘するが花

日本文化のこういう「大功は拙なるが如し」という特質からさらにすすんで、日本芸術の外面上の特徴として、「単純さ」「純粋さ」「簡明さ」ということが強調されています。単純さ、簡明さは、一見「極度の入念さ」と対照的に見えます。しかし、多くは「極度の入念さ」をこめながら、なんの手も加えない無雑作な作品たろうとして、「美をあらわさんがために美を隠し」ていることが少なくないのであります。人工のかぎりをつくしながら、なんらの人間的努力の跡も残さないように努めます。隠れたところの秘かな美を愛すること、「みえないもの」を「みえるもの」に表現しようとつとめてきたのが、日本の象徴芸術でした。

春がくるまでかくれてる、
つよいその根はめにみえぬ。
見えぬけれどもあるんだよ。

見えぬものでもあるんだよ。

（金子みすゞ「星とたんぽぽ」）

それはキリスト教の教会建築と、日本の神社建築との極端な対照によく現れています。日本の神社の大部分は（有名で大規模な神社は別として）、それは建築ともいえない代物で、素朴というよりも粗末で粗雑で、ようやく雨露をしのげるといった程度のガランとした、壁にもどこにもなんの飾り気もない空虚な空間です。一方、キリスト教の教会は荘厳な建築で、内部はステンドグラスで照明され、宗教的装飾におおわれていて、いかにも神の家、神の棲家《すみか》です。キリスト教の教会が神の住宅だとすれば、日本の神社はなにもない空虚な空間で、「鎮守の杜」とともに構成されている東洋的な「無」を現わしているともいえましょう。そしてこの無の空虚な空間は、日本文化の無限ともいえる、受容性、伸縮性、活動的な創造性の源泉ともなっています。

それはまた日本画と西洋画との「美のかたち」の違いにもあらわれています。西洋画は光と影で立体を表現しますが、日本画は線で表現します。西洋画は神がこの世を創造したように、カンバスの隅々にまで油絵具で丹念にくまなく塗りつぶして美を表現しますが、日本画は丹念に描いたものを消すことをくり返して画面を深めようとします。故意に空白の個所を残して描写し、その空白を観る人によって完成させる「未完成の美」をつくろうとします。西洋の芸術はキラキラ輝くダイヤモンドの美を追求し、日本の芸術はよどんだ玉《ぎょく》の奥に秘められた美を求めてきたともいえます。

日本芸術は人工のかぎりをつくしながら、なんらの人間的努力の跡も残さないように努めます。隠れたところの秘かな美を愛すること、「みえないもの」を「みえるもの」に表現しようとつとめてきたのが、日本の象徴芸術であり、とくにその典型として「秘するが花」の「能」の幽玄ともなり、「わび」「さび」の高貴さを尊び、江戸時代以降には「粋《いき》」ともなりました。

「粋」の美学

「粋《いき》」とは「人生のさまざまな生活様式における、抑制された謙虚で穏やかな精神態度」であります。隠れた目に見えないところにお洒落した江戸町人の風習でもあり、「粋」の反対が「野暮」で、派手にケバケバしく表面を飾り立てるのを「野暮」としました。

それは芥川龍之介の秀作「ハンカチ」にもみられます。ある学生が亡くなり、その母親が息子の恩師を訪れその死を告げた。そのとき、母親が微笑さえうかべて穏やかに淡々と話すのを見て不思議に思った外国人教師が、ふとテーブルの下に目をやると、膝の上で悲しみをこらえて握りしめていたハンカチが激しくふるえているのに気づき感動したという内容です。外国人教師には、日本婦人の謙虚で穏やかな深い悲しみを内に秘めた不思議な微笑みは理解を越えるものであったかも知れません。そしてもし、母親がその心の奥の悲しみについて表現したなら、「つれづれなるままに……」と言うほかなく、先立たれたわが子を想い、「蜻蛉《とんぼ》つり　今日はどこまで　行ったやら」（加賀千代）と、詠むほかなかったでありましょう。

または横光利一の作品「微笑」のように、死を覚悟した特攻隊員の青年が帰郷したとき、彼には悲壮感もなく決死の覚悟なども感じられず、万物を静かに笑って受け容れる姿で、柔和に微笑しているだけでした。自分の悲しみや一生の大事よりも、両親や相手を悲しませまいとする思慮深い抑制された態度なのです。

この相手の感情を深く思いやる「粋」は、パンや大福をかじるとき、一度にかじると歯形が残るので、それを消すためにもう一口かじって置くとか、襖や障子の開け閉めのさいに一度に開け閉めすると音が立つので、まず八分ぐらい閉めてから、残りの二分を静かに閉めるという、一般の日常生活の細事にまでおよんでいます。

「粋」の美学の極致は、

しづかさや　岩にしみ入る　蝉の声　（芭蕉）

の句にみられる「永遠の生成における静謐《せいひつ》」に尽きるのかもしれません。

第六章　和を以て貴しと為す

日本文化は他国の文化を吸収するのみならず、それぞれの本質をより純粋化して、自らの中に包和せしめるという昇華力をもっている。

「本地垂迹」思想

日本国民の心性の特徴を最もよく現わしているものに「和を以て貴《とうと》しと為《な》す」を基底とした「本地垂迹《ほんちすいじゃく》」思想があります。

儒教、仏教、そして欧米近代という異質文明との遭遇のさいにおける日本文化の柔軟的な対応は、この「本地垂迹」思想によるものであります。その意味で「本地垂述」思想は、日本文化の特徴をはっきりと現わしているといえます。

「本地垂迹」思想は、十三世紀に浄土宗、浄土真宗、禅宗、日蓮宗および時宗を生んだ鎌倉時代にあまねく日本全国に広がりました。日本文化の根底に流れているのは多神教の宗教意識ですが、この「本地垂迹」思想で明確な観念形態となりました。「本地垂迹」思想とは、「本地」つまりインドでは釈迦の教えがそのまま能動的に現れますが、日本では仏や菩薩が仮の姿となって現われる、すなわち「垂迹」するという考え方です。この「本地垂迹」の論理は、「本地」とは普遍的な仏や菩薩のことで、その普遍的な仏や菩薩が、衆生を済度するために日本固有の神々に姿を変えて垂迹するという思想であります。日本の神道の神々でも、「権現《ごんげん》」とか「明神《みょうじん》」とかと呼ばれています。たとえば、伊勢神宮の「天照大神」は、本地の「大日如来」が、日本の神として垂迹したものであり、熊野権現は、本地の「阿弥陀如来」が、日本に垂迹したものと考えたのです。このようにして神や仏が日本へ絶妙な「かたち」で集合されたのです。

「本地垂迹」説のはしりとされているのは、浄土宗の創始者である法然でした。『諸神本懐集』の中で、「それ仏陀は神明《じんみょう》の本地《ほんち》、神明は仏陀の垂迹《すいじゃく》である。本《もと》がなければ迹《あと》を垂《た》れることがなく、迹《あと》がなければ本《もと》をあらわすことがない。神明といい、仏陀といい、互いに表となり裏となって、互いに利益を施し、垂迹を貴《とうと》ぶのだから、必ずしも本地に帰するいわれはない」と、本地よりも垂迹を重要視するかのようでさえあります。

このように、鎌倉仏教は「本地垂迹」思想を根底にして展開されました。平安仏教が堂塔伽藍ばかりの豪華壮麗を競いあい、貴族階級の人々の個人的救済を願っていたのに対し、鎌倉仏教は国土や国民に密着した庶民の宗教となり、日本仏教として民族精神の基礎を創りました。

内村鑑三はその著書『代表的日本人』で、この十三世紀における日本仏教の爛漫とした開花期を、インド仏教、シナ仏教に対する日本仏教の「宗教改革」と呼びました。そして、「その時代にわれわれが見たようないかなる光も、その時以来あらわれたことはなかった。そして今世紀のわれわれは、その当時その時代に確信をこめて発せられた言葉に、いまなおすがっているのである」と書いています。

このように「本地垂迹」思想を「かたち」にして、仏教は日本化されたのであり、まさに「仏教が日本を仏教化したのではなく、日本が仏教を日本化した」(ラフカディオ・ハーン)のであります。

これと同じように、明治以降における日本の近代化のさいにも、西欧文明の「本地」は西欧で、それが西欧の外国人によって「垂迹」したのだとし、日本の近代化に貢献した外国人を「垂迹」した神として祀ったのです。日本の近代化は、西欧諸国の「近代」とはずいぶんと異質なもので、ここでも「西洋が日本を西洋化したのではなく、日本が西洋を日本化した」ともいえるのです。つまり、日本の近代化過程においても、「本地垂迹」思想が働いていたといえます。日本国民にとって、儒教が一つの自然であり、仏教も一つの自然であったように、西洋近代文明も一つの自然でありました。そこに日本人の自然観がよく表現されています。

その意味では、ユダヤ民族による「唯一神」信仰の発見は、世界精神史上の画期的事件であるといわれていますが、日本民族の「本地垂迹」の発明による「多神教」の信仰は、それと並ぶ世界に類例のない、世界精神史上の画期的事件であったといえましょう。

聖徳太子の卓越性

われわれが意識すると否とにかかわらず、日本人一般の宗教感情は「本地垂迹」思想にもとづいていますが、その思想の先駆者は、六、七世紀に活躍した聖徳太子であります。

日本文化の宗教感情は多神教の感情です。この多神教の感情は縄文時代に神道的宗教感情を基礎として形成されたものです。それを基礎にして、紀元前三〇〇年頃に弥生文化を受け容れ、さらに七世紀に儒教、仏教を取り入れて、「神・儒・仏」の三教融合による多神教の宗教が確立されたのです。この多神教の宗教思想は、鎌倉時代の「本地垂迹」思想によって観念的な体系に形づくられたわけですが、その基礎はすでに「日本仏教の父」といわれる聖徳太子によって定められました。

聖徳太子はこの時期すでに『勝鬘経《しょうまんきょう》』『維摩経《ゆいまきょう》』『法華経《ほけきょう》』からなる『三経義疏《さんぎょうぎしょ》』を編纂されていました。五九八年に聖徳太子は推古天皇に『勝鬘経』を講義され、「神・儒・仏」三教の一致、「王法不二」という理念を示し、「本地垂迹」思想による「日本教」の方向を定めたのであります。

聖徳太子の思想的な卓越性は「神・儒・仏」三教の融合という離れ業を演じたことです。世界の文明交流史の観点からみれば、縄文、弥生文化以来の日本固有の神道的感情のうえに、異質の儒教、仏教が入ってきた歴史プロセスは、異質文明間の衝突とみなされるでしょう。事実、日本でも神道守旧派の物部氏と仏教擁護派の蘇我氏との間で、激しい氏族抗争が起きました。しかし、聖徳太子によって儒教、仏教文化を完全に受容し、「神・儒・仏」三教の一致をもたらすことで、日本文化の基本的方向を定められたのであります。

西欧文明史観の多くは、「文明の衝突」とは異質の相手の文明を絶滅させて完全に支配することだとみなしていました。そうして欧米文明は衝突をくりかえし、異教徒の異質な文明を絶滅させることで発展してきました。ところが聖徳太子の偉業は、異質文明間の遭遇過程で衝突しながらも、儒教、仏教文明を受容し、日本固有の文化と融合させたことにあり、世界の文明交流史上でも希有の例でした。

それに儒教、仏教という宗教思想を受容するということは、海外の新しい技術や知識を輸入するといった、いわゆる技術を学習するという情報のやりとりのプロセスとは違うのです。新しい技術や知識の習得は、顕在意識において受け取り、学習することができますが、倫理や宗教思想は潜在意識に定着させなければなりません。大脳生理学からしても、知識や技術は意識の表層部分で受け取りますが、倫理や宗教は人間の深層心理に浸透し、そこから創発されてくるものでなければなりません。そのために七世紀に輸入された仏教思想が、日本固有のものとなるには、十二、三世紀の鎌倉時代の「本地垂迹」思想の流布まで待たなければならなかったのです。しかし、それでも鎌倉時代に浄土真宗を開いた親鸞の篤い聖徳太子への尊崇にみられるように、聖徳太子の思想と鎌倉仏教との「本地垂迹」思想は、地下の水脈で深くつながっていました。

飛鳥の大和路

シルクロードを通じて仏教は「大乗相応の地」を日本に求め、また儒教の「王道」の楽土を東海の彼方に望みましたが、それは同時に大陸文化の流入と帰化は日本に大きな混乱をもたらしました。仏教も儒教もインドや中国における「本地」よりも、東方にこそ故国を見いだしたかのように「垂迹」したともいえます。当時すでに古代日本は神話文化を展開していて一つの高度な次元に達していました。それゆえにこそ仏教も儒教もそのまま共鳴し理解される基盤があったともいえます。いわばある意味で古代日本のルネッサンスが飛鳥文化とみなされるのであります。日本古代の氏族政治形態が大陸文化の影響を受けて中央集権国家への方向をたどろうとするとき、その社会的、文化的な矛盾をいかに綜合調和するかに最大の努力を示したのが聖徳太子でありました。そこには仏教と儒教はもとより、遠くシルクロードのかなた西域文化が流入し、ユダヤもギリシャも、その他の諸宗教がすべて飛鳥の大和路の中で融合し調和されたといえるのであります。

このようにして聖徳太子信仰は、日本古来の文化伝統の上に築かれました。そのため日本歴史のその後一切の問題に基本的方向を与え、大化改新の基礎を確立し、仏教、儒教、その他の世界文化の本質を的確に捉え、それを当時の社会基準として具体化させました。平和の憲法を制定し、また学校、病院、寺院の建設などあらゆる社会福祉施設の全国にわたる実現を企画し、今日もなお法隆寺、『三経義疏』、仏像などに飛鳥文化の開花を示し、平和の象徴としての面影をとどめています。

しかも日本における聖徳太子の出現とまさに同時代的現象としてマホメットの出現が見られます。だがマホメットの宗教が破壊と暴力をともなっていたのに対し、聖徳太子の宗教思想はあくまでも平和と愛の創造を第一として、ともに大きい宗教改革を実現させました。マホメットが「旧約聖書」のユダヤ、ギリシャ、イランその他の文化とキリスト教を継承したように、聖徳太子は当時のあらゆる世界文化の伝統を統合し復興させました。これはまさに同時代的、同位的な世界史現象であるといえましょう。これらの魂の世界歴程は、歴史の地球的位相のもとに、「和を以て貴しと為す」聖徳太子の文化的栄光のなかに明日香の「地球の平和」が予言されているかのようであります。

日本ルネッサンス

先に夏目漱石の言葉を引用して、西洋の近代化は「内発的」であるのに対して、明治維新以後における日本の開化は、西洋の圧迫によって強いられた「外発的」なものであり、「涙を呑んで上滑りに滑って行かなければならなかった」と書きましたが、とくに敗戦後の七年間にわたった占領期は、決定的に「外発的」なものでありました。そして戦後の六〇余年間は、この占領期の「外発的」延長に過ぎませんでした。しかし、日本文化はつねに「外発的」なものを丸ごと受け容れては消化し、「本地垂迹」思想で「日本化」してきたのであります。儒教も、仏教も元々は「外発的」なものでした。応神天皇の二八五年に儒教が入り、欽明天皇の五五三年に仏教が伝来し、それらをすべて、「本地垂迹」によって「日本化」していきました。

明治以降における日本の近代化も、欧米諸国の挑戦を受けた「外発的」な近代化でしたから、漱石が指摘したように皮相な上滑りのものでした。けれども昭和の大東亜戦争を、欧米的「近代」文明に対するアジアの逆襲という角度から見れば、日本の近代はすでに、明治の「外発的」近代化から「内発的」なものに変質していたともいえましょう。

話が飛躍しますが、「本地垂迹」思想とは、文明史的にいえば日本のルネッサンスだといえます。ルネッサンスはどこの国でも起こり得る、いわば普遍的な一つの文明現象なのです。ルネッサンスという文明現象が、十四、五世紀に西欧諸国で起こり、とてもポピュラーな現象で、歴史的に有名ですから、西欧のルネッサンスだけが「ルネッサンス」であると考えているむきも少なくありません。しかし、イギリスの文明史家アーノルド・J・トインビーはその『歴史の研究』のなかで、ルネッサンスという現象は、二つまたはそれ以上の異質文明が遭遇した時に起きる創造現象だと指摘しています。日本の「本地垂迹」思想は、「本地」つまりインドから普遍的な仏や菩薩が日本の神々となって「垂迹」するという思想ですから、まさにルネッサンスの思想といえます。

西欧のルネッサンスはそれまでの中世西欧諸国が、ローマ教皇庁とキリスト教会のもとで厳格に組織されていたものが、数回におよぶ十字軍戦争を通し、ヨーロッパ文化以外のサラセン文化に触れたことで触発されました。キリスト教の教義や思想以外にも違ったものの考え方や世界観、価値観があることを知るようになり、それらの多様性のもとに、キリスト教の宗教思想について考え直すようになったことに起因します。アラビアからの「砂漠の光」が、西欧にルネッサンスの黎明を促したわけです。

だから古代ギリシャ文明とローマ文明は、近代西欧文明と直線的につながってなく、古代→中世→近代という文明図式は誤っているのです。これまでの世界史では西欧文明の基礎は古代ギリシャ、ローマにあると考えがちでしたが、古代ギリシャの思想・科学などは、すべてアラビア文明からの翻訳でありました。古代ギリシャの形而上学、哲学、科学、技術、演劇、詩などはオスマン・トルコ帝国の継承であり、そこに保存されていたものを、中世ヨーロッパ諸国が、十字軍戦争を通じて奪取したのであります。中世の西欧文明がサラセン文明に触れることで、自分の文化の外にも違ったものの考え方や、世界観・価値観があることを知り、自分自身の文明を見直し、再創造したのでした。

日本文化もこのルネッサンス現象を何回もくり返してきました。しかし、日本は異質文明を十分に受容しながらも、「和を以て貴《とうと》しと為す」の「本地垂迹《ほんちすいじゃく》」において、日本文化の本質を失うことがなかったのです。日本民族は、異質の民族や文化と衝突することは文明ではなく野蛮であり、文明とは異質の民族や文化の諸要素を、一家族のように仲良く調和させる「大和《だいわ》」でなければならないと信じてきたのです。

聖徳太子の「十七条憲法」の冒頭に、「和を以て貴《とうと》しと為す、さからうこと無きを宗《むね》とせよ」と定めています。日本は縄文文化が土器文化を受容したときも、弥生文化に移行したさいにも、大和政権が成立したさいにも、それ以降の歴史時代にも、一度として民族移動ということを経験したことがありませんでした。それは「国ゆずり」による文明の創造という基本原理があったからです。「衝突するような文明は文明とはいえない、文明とは大和《だいわ》でなければならない」というスタンスで、大化の改新も明治維新も断行されてきました。

明治維新を実現した西郷隆盛も、「文明とは道の普《あまね》く行われること」であるから、未開発国を無慈悲に侵略している西欧文明を「野蛮」だと断言して憚《はばか》らなかったのです。吉田松陰も世界は「文明」だから「どこでも隣近所なり」と信じて密航を企てていたのでありました。

ところが欧米のキリスト教文明は、己れの「文明」だけを正義とし、非寛容に異質な文化や異教徒と衝突を繰り返し、征服し支配することが「文明」であるとしてきました。キリスト教は異教徒を絶滅することが「神」への信仰の証だと見なしてきたのです。近代では十九世紀ドイツの哲学者ヘーゲルが、西欧が合理性を担っているから非合理な諸国民を征服して、合理主義を世界に広めて普遍化することが「文明」であると植民地侵略を正当化しました。その同じ目線で最近でも、先に書きましたが、アメリカの政治学者サミュエル・ハンチントンは公然とその著『文明の衝突』で、二十一世紀は七ないし八個の異質な文明が衝突する世界となるだろうと論じました。アメリカ文明にとっては「衝突」が不可欠な条件であり、つねに「衝突」し続けています。アメリカはそれを「アメリカン・グローバリズム」という「かたち」で、世界に押しつけています。

欧米文明の歴史はこうして異質な文明と衝突することで発展してきました。一方のイスラム文明も全世界のイスラム化を信じて衝突を繰り返しています。現在の国際社会もこうした「文明の衝突」という考え方の原理で組織されていて、日本もまたその国際社会の一員でありますから、日本は国際社会で孤立しています。しかし、真は孤ならずで、日本は縄文文化から「大和《だいわ》」という「国ゆずり」を文明の原理としてきたし、今後も「和を以て貴しと為す」ということを、文明遭遇のさいの基本原理とすることでしょう。

第七章　グローバル・デモクラシー

日本文化はその創成のはじめから、広い地球文明との交流のうちに生まれたものであり、たがいに分裂、対立する世界諸文化の混沌を調和し、秩序を与え、そこに豊かな花と結実をもたらしてきた。

世界の花々

「花は美しい」という言葉があります。しかし花という言葉は抽象名詞であって「花」などというものはどこにもありません。花はバラ、ユリ、チューリップ、カーネーション、桜、梅、牡丹《ぼたん》、睡蓮《すいれん》、ハスなどが、それぞれが咲くことで「花は美しい」と言われるのです。

世界各国には、それぞれ国を代表する「国花」が定められています。日本の「国花」は桜と菊、中国は牡丹、台湾は梅、インドとベトナムはハス、タイは睡蓮、イギリスはバラ、フランスはユリ、オランダはチューリップ、スペインはカーネーション、ロシアは向日葵《ひまわり》……、不思議とアメリカは「国花」を定めていません。アメリカは各国の「国花」が移民した「ブーケ」なのかも知れません。

ところが大東亜戦争以前には、欧米諸国をバラとユリとすれば、バラとユリが美しいからという理由で、アジア・アフリカの諸国を植民地にしてしまい、その地に咲く花々を無慈悲にむしり取ってしまったのです。西洋のそうした略奪行為に対し、岡倉天心は「西洋の栄光は東洋の屈辱」そのものではないかと、われわれに覚醒をうながしました。そして、この不合理に対して敢然と立ち向かったのが日本の大東亜戦争でありました。

大東亜戦争の理想はバラとユリはたしかに美しい、だが同時に、桜も、梅も、牡丹も、睡蓮も、ハスも同様に美しいではないか。グローバル・デモクラシーとは、各民族の地球的同根性に根ざす国際主義的な民主主義であり、世界はよりとりどりの花が並び咲く花園でなければならないとしたことにありました。

日本は大東亜戦争に敗れはしましたが、その理想は東洋の覚醒となって歴史を変えていきました。大東亜戦争以前にはアジア・アフリカに一つの独立国もなく、大東亜戦争以後には、アジア・アフリカに一つの植民地もなくなり、桜、牡丹、梅、睡蓮、ハスなどの花々が再生しました。花は、桜は桜として、梅は梅として、バラはバラとして、ユリはユリとして、すべての花が一斉に美しく咲くことがその個性であり使命なのです。戦後に植民地が解放され自由を得たことで、世界は初めてグローバル・デモクラシーの希望のもとに花々が並び咲く「地球の花園」の建設がはじまりました。

戦後パラダイム

日本がグローバル・デモクラシーを目指すとき、日本国家をどう位置付けして行くべきなのか。世界平和の名のもとに国家、国益を据え置いたままのグローバル・デモクラシーは果たして可能なのか。日本の戦後パラダイムは国家という概念をきわめてあいまいにしてきました。

日本が戦後六〇余年にわたって築き上げてきた文明パラダイムの主な特徴は、徹底的な、時には観念的な、あまりに観念的な平和主義の浸透でした。この平和主義の浸透ぶりは「戦後の日本が平和でいられたのは憲法のおかげです」という単純な感情論から始まり、憲法の平和理念に関するさまざまな理論にまで及んでいます。こうした平和論理は保守派の国家観、抑止的効果理論と真向から対立しています。日本の戦後パラダイムはこれらの対立を論理的に解決しようとするのではなく、きわめてあいまいに、ファジーに両論併記のように対立させたままに築かれています。

このあいまいさは日本のロボット技術にみられるように、日本は世界の最先端技術を数多くリードしていますが、それらは全面的な平和主義と国益を考えない風潮とともにあります。ですからロボット技術も軍事転用を目的としたアメリカやフランスなどから再三の申し込みを断り、もっぱら日本独自の民生向け研究開発を進めています。こうした傾向はロボット技術に限らず、核のレーザー実験などにもひろくみられます。核レーザー実験はアメリカが国家機密としているものですが、日本の科学技術者はＣＩＡの警告を無視して、中国に技術情報を流しています。そうしたことの背景には、黙々と技術的な貢献のみを願い、国益や国防を無視する戦後の日本社会の極端な平和主義の風潮があります。

こうした平和主義の風潮をリードしてきたのは、終戦直後の圧倒的な過激派左翼学生層であります。たとえば二〇〇五年に、女系天皇を認めたあの悪名高い「皇室典範」に関する決議を主導した、吉川弘之氏です。同氏は戦後の過激派運動で警察に逮捕された経歴の持ち主ですが、今や平然として「皇室典範」に関する有識者会議の座長を務めているのです。それだからこそいとも簡単に天皇制の伝統を破って、女性天皇・女系天皇を容認してしまったとみられています。

また幼稚園児を対象に「むかし日本には戦争の好きな人がいました。そして周りの国がひどい目にあわされました」などと書いている絵本があります。あの復讐と憎悪に満ちた東京裁判の記録でさえこのような表現はないのに、この作者はなにを根拠にして「戦争の好きな日本人」と言っているのでしょうか。国民の大部分は好き好んで戦争したのでなく、「お国のため」「家族を守るため」という、やむにやまれぬギリギリのところで戦い、死んで逝《い》ったのではないでしょうか。

これらはほんの一例ですが、こうした風潮の主導権を握ってきたのが、いわゆる終戦直後の過激派左翼学生層でした。彼らは進歩的知識人と呼ばれ、戦後における「反日」的風潮を支配し、今日に至っても一大勢力を形成しています。政治的には「非武装中立」という論理的に矛盾した概念が流行しました。それは日本が事実上アメリカに管理された保護国であって、アメリカの核武装に守られている事実を抽象的に否定した概念論であり、その名残が今でも「一国平和主義の偽善」として日本防衛問題の底流に流れています。そこには使い捨て去られたインターナショナリズムからグローバリズムへのすり替えレトリックがうかがえます。

こうした文明傾向を最大公約数的に集約しますと、戦後パラダイムは次のようにいえます。戦後パラダイムは国家の品格をずたずたに引き裂き、破壊し、侮辱し、否定してきました。しかしその反面では、徹底した平和主義で、国益を無視しても世界に貢献することを願っていますから、世界各国から「日本がいてくれてありがたい」といわれるような国家になることを求めているといえます。この「世界平和のために貢献したい」ということが科学・技術分野でも、芸術分野でも、スポーツ分野でも、あらゆる分野に渡っての戦後の日本人の共通認識であります。そしてそこに国家の存在理由を見出そうとしているかのようであります。これらの国家、国益を据え置いたグローバル・デモクラシーは保守派の国家に立脚したグローバル・デモクラシーと真向から対立していますが、日本の戦後パラダイムはこれらの対立を論理的に解決しようとするのでなく、極めてあいまいに、ファジーにさせたままに築かれてきました。戦後の日本はこのあいまいさ、ファジーの中で右往左往に揺れ動いているのです。

日本国憲法前文

日本が戦後のレジームを越えてグローバル・デモクラシーを目指すとき、どうしても避けて通れない高い障壁として「日本国憲法」が、頑として立ちはだかっています。

これは日本国民が直面している最大の政治課題であります。最近になって憲法改正問題が国民の重要な政治的関心になってきましたのは、無意識にせよ戦後GHQ（連合軍最高司令部）によって強制された憲法の疎《うと》ましい怪《あや》しさに気付きはじめ、皮膚感覚的にこのままでは日本がますます弱体化して行くという危機感を抱き、われわれは何者なのか、世界の中で日本とはどういう存在なのか、日本のアイデンティティは何なのかという、自分自身を再発見しようとする動きに他なりません。しかも、こうした動きが若い世代からもでてきたということは民族的DNAはまだ健康といえるでしょう。

国家の基本法である憲法は、なによりも自国の歴史と伝統文化という観点から論じられなければなりません。憲法は自国の伝統文化の基本法でなければならないのでありますが、現憲法は日本民族の歴史的精神や伝統をズタズタに切り裂いたものでした。

ですから第一に現憲法の「前文」から見直さなければならないのであります。世界のどこの国の憲法にも必ず「前文」が付いています。それは「前文」がなぜその憲法を制定したのかという、国家理念、国民史的な理由を書くべき場所だからであります。ところが現憲法は、憲法を制定した国家理念、国民史的な理由や根拠について全く触れていません。「日本国民は、恒久の平和を念願し」とか、平和の希求は「平和を愛する諸国民の公正と信義に信頼して、われらの安全と生存を保持」とか、自由と民主主義と人権擁護と法支配は「人類普遍の原理」などという、抽象的な白々しい言葉が羅列されているだけなのです。憲法制定の理由としての国家主権について、「われらとわれらの子孫」の福利のためだという。しかし、日本国民にとってこの国土における歴史は、「われらとわれらの子孫」だけのものではありません。神話的起源を含めれば、少なくとも三千年の歴史が先祖代々から「われらとわれらの子孫」に受継がれているのです。日本国民にとって歴史は時間的秩序で動く国土であり、歴史と国土の統一性は国旗「日の丸」に象徴されるように、日本国民の自然への愛、国土愛、国土の年輪として永遠への愛に結びつくものなのです。

「諸国民の公正と信義を信頼する」としても、それが国民史とどうかかわるのか、自由と民主主義と人権擁護と法支配が「人類普遍の原理」だとしても、それが国民史とどうかかわるのかという、われわれの切迫した問いかけに現憲法は全く答えていません。肝腎なことは、なぜ「日本国民は、恒久の平和を念願」するのか、たまたま大東亜戦争で敗北したからなのか、それとも国民史の根深い要求に根ざしたものではないのか、などという疑問が尽きません。その切実な問いかけは、切れば赤い血が流れるような肉体的な日本国民史の命をかけた問いかけなのであります。

したがって憲法第九条の問題がどうなるにしても、憲法の「前文」は改正されなければならないのであります。そして憲法の前文はなによりも、日本国家はどういう国であるべきなのか、どういう国になりたいのかという理念を謳《うた》わねばなりません。

かつて大和の理想であった、「世界人類は同じ屋根の下で大家族のごとく仲良く暮らせるように」という「八紘為宇《はっこういう》」(Universal brotherhood) は、いまでもグローバル・デモクラシーの理念になり得る普遍性をもっています。これには世界は平和であって欲しい、崇高な世界平和への願いが込められたものであり、アメリカ流の「自由と民主主義の世界的拡大」に比しても、劣ることのない普遍的でロマンに満ち満ちたものであります。日本には歴史と伝統にもとづいたグローバル・デモクラシーの理念が潜在的に備わっています。日本国憲法の「前文」はこうした精神にもとづいた、民族の理想が掲げられなければならないのです。

平和の建設事業

日本が戦後レジームを越えてグローバル・デモクラシーを目指すとき、もう一つ大きな課題があります。それは国防問題と集団的自衛権の問題です。

戦後の日本には観念的なともいえるほどの平和主義が浸透し、戦後の日本が「平和でいられたのは憲法のおかげです」という単純な感情論が浸透しました。しかし、戦後の平和は憲法によってもたらされたのではなく、日米安全保障条約のもとで守られたのが現実です。

現在の世界は核兵器の出現によって、国家間の戦争ができないシステム、不戦体制にあるとされています。しかし、戦争ができないシステムが平和なのかというとそうではありません。現実にはテロとの戦いは続き、地域戦争や紛争が続いていますし、国際システムの不安定さが解消されたとはいえません。

戦後の平和論は「戦争がない状態」「戦争反対＝平和」とみなす考えです。しかし「戦争反対＝平和」という考えは消極的平和といわなければなりません。反戦運動、核兵器反対論、戦争の惨禍を伝える、平和の尊さを偲ぶ、戦争は悲惨だなどという反戦論はみなすべて「非戦争」の平和論です。また、きわめて純粋な人道主義的な平和の訴え、感傷的な平和への希望、宗教的な平和の祈りなどはすべて、その願いや祈りがたとえどんなに誠実で真剣なものであったにせよ、遺憾ながら平和をもたらすには無力なのです。

なぜなら、世界の資本主義経済にとって戦争は莫大な利潤をもたらす巨大な消費市場となっているからに他なりません。アメリカをはじめとして各国で大がかりな産軍複合体がつくられていて、武器の製造、販売のための国際的な大規模カルテルが組織されています。ことにアメリカ文明にとってはつねに外側に敵を造り出しておくことが不可欠で、「敵がいなくなったらアメリカはどうする」という問いは、サミュエル・ハンチントンが指摘しているところです。このアメリカという戦争を間歇的《かんけつてき》に必要とするスーパーパワーによって、いまの文明が保持されているのが現実なのです。
かつては支那事変、スペイン内乱、第二次大戦、独ソ戦争、大東亜戦争などを、陰で操っていた国際的な金融勢力の暗躍も否定できません。また社会主義勢力が平和勢力だというのも神話に過ぎません。レーニンが『帝国主義論』で指摘したように、帝国主義段階では、資本主義諸国が強力に武装する以上、それに対抗して社会主義国家も武装せざるを得ないと主張していたのです。社会主義国家に産軍複合体があるのかどうかは推測にすぎませんが、少なくとも国営の軍需企業が大活躍していることは事実です。冷戦時のソ連、現在の中国は毎年の国防予算は前年比の一〇パーセントをこえる異常な膨張を続けています。それに対して「涙を流すだけの平和論」では全く無力です。

「美しい国づくり」としての平和は、積極的平和主義であります。平和とは文化であり、新しい文化を創造することであります。そして調和から美が生まれますように、平和は何よりも美しくなければなりません。平和には積極的な「かたち」として「美しい国づくり」の基本構想が必要となります。戦争に向かっている総合エネルギーを吸収するに足るだけの地球的大建設、大創造のビジョンを提起することが課題となっています。戦争の資源を「富国強兵」に代わって平和利用に向ける構想となります。これは世界に類例のない試みであり、大げさにいえば世界の不戦体制への最初の試みともいえます。

日本は国家の交戦権を破棄させられた唯一の国家であります。一方、永世中立国を謳う「スイスの平和」は四百年の平和を保ちながら、鳩時計ひとつ造り出しただけで、世界平和には何ら貢献していません。「日本の平和」はスイスのようであってはならないのです。千利休の天才は戦国争乱の時代に、陋屋《ろうおく》にも等しい茶室でいかなる権力にも屈せぬ、平等で静寂の「茶の湯」の文化を創造したのであります。日本の平和はこのような文化創造でなければなりません。日本の平和は世界文明にとってどういう貢献をするかということにかかっています。

良いか悪いかは別にしても、二十一世紀が「アメリカの世紀」となり、アメリカを先頭にした「自由と民主主義および自由経済の諸価値を共有する諸国の連合」という国際秩序が形成され、それが少なくとも一、二世紀は続くものと推定されます。アメリカは経済的には全世界のGDPの三二パーセントを生産し、軍事的にも全世界百三十カ国にアメリカ軍を駐留させ、全世界の軍事費の五分の二を使っています。アメリカ軍はイラクや中東におけるテロとの戦いで苦戦を強いられていますが、アメリカの一極支配体制はなおも健在で、衰退傾向といわれながらも、まだまだ当分は揺らぐことはないでしょう。

しかし、世俗的なアメリカは経済的、軍事的に強大な国家ではありますが、文化的な魅力に欠けています。アメリカは全世界に巨大な権力を持っていますが、いまだ権威を獲得していません。このアメリカ一極支配体制下で、日本は、世俗的なアメリカ民主主義の足りない部分を、文化的に埋めて「美しい国づくり」を提示し、日米安全保障条約を世界文明の創造のために活用するべきであります。

日本は軍事的にみれば「ひよわな国」で、遺憾ながら実質的にアメリカの保護国というべきでありますが、文化的にはアメリカを大きくしのぐ国であります。しかも、アメリカの保護国であるということを憂えている必要はありません。かつて古代ローマ帝国の属領の保護国に過ぎなかったユダヤの地に生まれたキリスト教が、ローマ帝国の国教として採用されたように、日本文明はアメリカの一極支配体制にありながらも、毅然と「美しい国づくり」の文化創造に挑むべきであります。

しかし、日本が「美しい国づくり」の段階に移行したとしても、日本をとりまく東アジアの政治環境はまだ「富国強兵」の強い国づくりの段階にありますから、その対外関係は複雑です。とくに北朝鮮の核威嚇、東シナ海の不穏、台湾海峡の危機、微妙な日中関係の見通しなど、きわめて複雑であり、容易に日本の「美しい国づくり」を許すとは考え難いものがあります。したがって日本は、「美しい国づくり」の方針をより確かなものにするためにも、アメリカとの関係を、いっそう強固なものにしていかねばなりません。それには集団的自衛権の取り扱いもまた「美しい国づくり」の観点から見直しが必要となります。日米安全保障条約の中で、日本は集団的自衛権は「持っている」からアメリカに助けてもらうが、「行使できない」からアメリカを助けることができないという憲法解釈は、あまりにもモラルに欠けて誠実な平和の追求とは言えません。これでは国際社会で通用しません。もし日本は「持っていない」と言えば、日米安全保障条約そのものが成立しなくなります。日本はアメリカを守らないけれど、アメリカは日本を守って欲しいというのでは、国際間の同盟は成り立ちません。もし日本が集団的自衛権を行使しないで、アメリカの利益を守らないならば、アメリカにも日本を防衛する義務はないことになります。

こうした甘えは「自衛隊は軍隊でない」というごまかしが最初で、その後、六〇数年にわたり「解釈改憲」に終始してきた戦後の偽善が、日本国民の安全保障意識と道徳を低下させてきました。憲法第九条の改正をはじめとして、あまりにも惨澹たる現行憲法についての部分修正を積み重ねることは、たとえそれがどんなに現実的な応急処置で、やむを得ない便宜的な方法であったとしても、所詮は「腐った手の指」を次々に手術するに過ぎません。部分修正を積み重ねる「継ぎはぎの憲法」は美しくありません。「美しい国づくり」は先ず、護憲を盾にこうした偽善的な平和憲法解釈のごまかしをやめて、憲法解釈の醜《みにく》いところを美しくして、堂々と威厳をもって世界平和を追求すべきであります。

そして、日本は世俗的なアメリカ文明との融合のうちにありながらも、「小さなアメリカ」に埋没してしまうことなく、太平洋を挟んだ楕円の二つの極として、世俗的なものに対して「美しい国づくり」を発信しつづけなければならないのであります。世界各国どこの国もまだ「美しい国づくり」というイメージも、モデルも持ってはいないので、日本が世界に先がけてモデルを発信することになります。大げさにいえば世界の歴史に対する最初の大胆な挑戦ともいえましょう。たとえそれが微《かす》かな振動であったとしても、発信し続けていることに意味があり、継続は力となり、やがて全地球的な振動となるでありましょう。

アジア諸国の日本化現象

大東亜戦争以後、台湾、韓国、中国、ベトナム、シンガポール、インドなどの近隣のアジア地域に、日本経済の発展モデルの移転現象がみられます。それは「日本化現象」ともいえます。日本経済の発展モデルというのは、国内市場を拡大するのではなく、欧米諸国に対する輸出を拡大することで、外貨を獲得して経済成長を達成することです。要するに輸出主導型の経済成長であります。

これらのアジア諸国は大東亜戦争以後に「植民地解放、民族独立」を達成したのですから、かつて日本が、明治・大正・昭和にかけてたどった、輸出主導型の発展過程をモデルにした国づくりに努めているのです。中国やインドなどは、かつて日本がそうであったように、「富国強兵」の段階にいます。「富国強兵」の強い国づくりは、これらの諸国がたどらなければならない段階ともいえます。しかし、日本はすでに「富国強兵」の強い国づくりを経て、「美しい国づくり」の次の段階におけるモデルを、アジア諸地域の国民、民族に提示する段階にいます。また「美しい国づくり」というモデルを、アジア地域に示すことは、大東亜戦争を戦った日本の歴史的な使命でもあります。なぜならば、アジア諸国は、いつまでも大東亜戦争以前のような排外的ナショナリズムの段階に留まっていることは許されないからです。

もちろん「富国強兵」という段階での国づくりから、「美しい国づくり」への移行には、多くの困難がともないます。中国の温家宝首相は、二〇〇七年二月の「人民日報」に寄せた論文で、中国はまだ未成熟な社会主義の段階にあって、「高度に発達した民主主義と完璧な法制度」を享受していないとして、「経済発展に重点をおいた現在の状況を、今後一〇〇年は続けなければならない」と述べ、さらに、同年三月の全国人民代表大会の閉会時での記者会見でも、「民主主義や自由や人権、適正な法制度は、資本主義社会の専売特許ではない。むしろ人類文明の共通した到達目標だ」とし、中国の社会主義も民主的になり得るとしました。こうした状況ですから、中国では少なくても四〇~五〇年ほど後になって政治的民主主義が取り入れられるでありましょう。したがって「美しい国づくり」への移行は、はるかに遠い目標となります。

しかし、今では地球温暖化と環境汚染という待ったなしの危機に直面していますので、中国やインドは一国の経済発展を求めるＧＤＰ競争の段階から、いち早く全地球的なグローバル・デモクラシーの実現へと移行することが求められています。にもかかわらず、中国やインド、アジア・アフリカ諸国は植民地政策の反動から、排他的な民族主義の風潮が高まっていて、経済的、技術的グローバリゼーションの方向と著しく矛盾しています。その矛盾は各国がそれぞれ自国の歴史を通じて追求してきた普遍性を理解しないことから起こっているのであります。グローバリゼーションを欧米文明との衝突として捉えるのでなく、各国がそれぞれ自国の歴史と伝統文化に立ちかえり、全世界的な視野で人類社会に通用する普遍的な諸価値を再発見して「地球文明」へ共生させていくべきものであります。

ビューティフル・デモクラシー

美は普遍的な価値であります。西欧の音楽のかずかずの名曲やレオナルド・ダ・ヴィンチやミケランジェロ、レンブラントなどの古典派の絵画や彫刻、浪漫派のモーツァルト、ベートーベン、シューベルト、ショパンなどの音楽、ロダンの彫刻、またモネ、コロー、セザンヌ、ルノワール、ゴッホ、ゴーギャンなどの印象派の絵画や、ドビュッシーらの音楽、または文学や思想では、シェークスピア、ダンテ、ユゴー、バルザック、カント、ヘーゲル、マルクス、ゲーテ、トルストイ、ドストエフスキーなどを日本国民は愛好し、感動し、多大の影響を受けています。世界に風靡《ふうび》しているジャズ音楽は、アフリカの黒人音楽が原産地であるし、人々の魂を魅了してやまないロシアン・バレーは、コーカサスの民族舞踊から生まれたものです。

このことは芸術の普遍性をしめしてはいますが、浮世絵が一時ジャポニズムとして西欧諸国に流行した以外に、日本の多くの芸術作品、たとえば仏像彫刻や絵画や寺院の建築や庭園、茶道、能、舞踊、歌舞伎、戯曲、文学、その他の芸術が、十分に世界的な普遍性を獲得しているとはいえません。たとえば日本の伝統的な服飾で、四季折々に変わる和服の美しさについて、世界の人々はほとんど関心がありません。もっとも日本人自身も関心が薄れてきているのですから、他人事ではありませんが……。

このことはアジア・アフリカ諸国のさまざまな民族芸術についても同じでありますが、岡倉天心は『東洋の覚醒』において、ヒマラヤ山脈が中国とインドの多様性を分けているといいましたが、東洋の美をはじめ、世界各国がその歴史を通して、それぞれに追求してきた固有の美を、「地球美」として共有する段階に世界文明は到達したといえるのでありま す。地球温暖化を防止するという目標に各国が協調し、これまでのGDP競争の段階から抜け出して、各国の経済成長を自己規制するという方針は一つの目標ではあります。けれどもそれ以上に、各国の伝統的文化の美を互いに認め合うという、グローバル・デモクラシーを基調とした、ビューティフル・デモクラシーに向かって進むことが求められています。ビューティフル・デモクラシーは、「諸人よ、吾ら死する時には、生まれてきた時よりも、この地上を少しでも美しくしていこうではないか」という、世界的ヒューマニズムの精神が基礎となります。

現代文明のコミュニケーション技術が、異常ともいえるほどの発達をとげたにもかかわらず、われわれは相互に異質文化に対してあまりにも無知でした。いまだに欧米文明を先進国と見なして、アジア・アフリカ諸国を開発途上国と考えて疑わない、経済優先主義の風潮が世界にみなぎっています。それはアメリカ発のグローバリゼーションが経済的、技術的な側面に特化し、それを支える精神的、文化的な内容があまりにも空虚になっていることによります。人類はいまやこうした経済的、技術的な側面だけに偏った基準を疑い、問い直し反省しなければならない歴史的段階にきています。そして各国が自国の伝統的な価値を見直し、人類社会に貢献できる普遍的な価値を文明化することにおいて、相互に尊ばれなければならないのであります。

第八章　民主主義と武士道

栄光ある世界を建設してきた、我々の祖先の血は、今日といえども、脈々と波うっている。この道を行く者はあるいは少ないかもしれない。しかし、数の少ないことを憂うるなかれ。歴史は常に少数者によって創られたではないか。

民主主義と武士道

昭和天皇は終戦直後の昭和二十一年九月二十七日に、マッカーサーを初めて御訪問された。マッカーサーは、かつてヨーロッパの国王たちが戦争に負けると、命乞いに来るか、あるいは自分は島流しにされてもよいから領土を保全してほしいと頼みに来るぐらいに推測していたそうである。ヨーロッパの国王たちは戦争に負けると、しばしばそのような行動をとってきたから、天皇陛下が頼みがあるといわれたときには「ほら来たか」くらいに思ったという。ところが天皇はマッカーサーに向い、「敗戦に至った戦争の責任はすべて私にある。私の一身はどうなろうと構わない。私はあなたにお委せする。このうえは、どうか国民が生活に困らぬよう、連合国の援助をお願いしたい」（藤田尚徳『侍従長の回想』）といわれました。マッカーサーは天皇が命乞いに来たのだと思っていたので、戦慄し骨の髄から感動して、「私は初めて神の如き帝王を見た」として敬服したのです。

「すべての責任は私にある」という言葉は、最も美しい言葉で、武士道精神の発露であります。そこには民主主義と武士道との精神の対決が象徴されています。たしかに「自由と平等と人権」の擁護と、法の支配を追求してやまない民主主義の精神は高貴です。しかし、武士道の精神はそれを戦慄せしめるだけの威厳と、質量と、エネルギーを持っていたのです。

昭和天皇は武士道精神の体現者としてマッカーサーと対面し、民主主義精神の魂ともいうべき占領軍総司令官を戦慄させたのであります。一方は打ちしひがれた敗戦国の元首であり、他方は勝ち誇った戦勝国の占領軍総司令官であったが、武士道と民主主義との精神の出会いにおいて、武士道精神はその高貴な品格を失いませんでした。

また、自己を犠牲にする精神は明治維新のさいにもみられました。すなわち武士階級が自分たちの特権を放棄する自己犠牲によって維新は完遂されたのです。そしてそれに続く「版籍奉還」「廃藩置県」という社会制度の大変革がさしたる混乱もなくすんなり行われたのも、他を思いやり自己犠牲をもいとわない武士道精神の現れでありました。

ところが戦後の日本国民は自ら武士道精神をあっさりと棄て去り、とくに左翼的イデオロギーによって、なんの根拠もなしに、武士道とファシズムを結びつけて、日本軍国主義は武士道精神から生まれたとか、武士道の倫理は民主主義に反する道徳であるとかの理由で弊履《へいり》のように棄て去り、自ら精神的に自壊していったのです。そうして日本の戦後民主主義は精神的な支柱を失い、道徳の基礎を欠いた品格のない、空白なニヒリズムの大衆民主主義に陥ってしまったのであります。

だが、武士道精神とファシズムとを結びつけることはなんの理由も根拠もないことで、むしろ、武士道精神は最も反ファシズム的な倫理といえます。武士道精神の基礎は、神道、禅宗、浄土宗、真宗、日蓮宗などの宗教思想なのです。それはヨーロッパ中世に生まれた騎士道がキリスト教信仰と不可分に結びついていて、キリスト教の敬虔な信仰を抜きにして騎士道がありえないように、武士道も神道、禅宗、浄土宗、真宗、日蓮宗などの宗教思想と切り離すことはできないのです。武士道は一般的には道徳律であって、普通の意味でいう戦闘技術ではなく、武道の奥義を究めるには、「境地」という精神修行が重要視されていました。「境地」がともなわないときには、武士としては二流か三流の剣客とみなされました。

一九六〇年二月に来日したアンドレ・マルローは、戦時中の軍部が武士道を歪めたとして、武士道とファシズムはなんのかかわりもないことを強調し、次のように述べています。

少し長いが全文を引用します。

「武士道をファシズムの意味でのみ使うのはまちがっている。武士道という言葉はそのもとの意味でいわれなければならない。軍部によって歪められた意味でいってはならない。あるいは神話としての武士道とでもいおうか、武士道の神話、それは『忠誠』と『勇気』と人間の『超越性』の総和をいいあらわすものにほかならない。こうした武士道の精神は、一般の無理解ないし曲解とは別なところに、その本来の生命を生きつづけている。西欧における騎士道の発達を学んだ者にとっても、騎士道の真面目は、世にいうそれとはおのずから異なるものとして映るだろう。つまり、それもまた一種の神話なのだ。武士道の絶対服従の性質についていうと、『主君にたいする絶対服従』は、われわれにとっては、われわれの騎士道におけると同様、むしろ人間の超越的価値にたいする絆、それへの忠誠とも見てとれるのだが、どうだろうか。なぜなら騎士道についてはこう考えるからだ。それは二重の誓約であると。すなわち一個の人間に対するまじわりの誓いと、そして『人間』の超越的価値にたいするまじわりの誓いと。この『まじわりのきびしさ』は無類のものである。しかし同時にまじわりの象徴性についてはしばしば誤解されがちである。言葉というものは、こうした象徴のつくりだされた国々にとって、あまりにも具体的な諸現実とそぐわなくなることがままあるものだ。ということはすなわち、騎士道の絆、われわれの騎士道の絆とは、騎士のふるまいのことごとくをキリストに、キリスト的宗教にむすびつける絆であるとして解してもらわねばならないということだ。

軍国主義的騎士道などといったものは存在しない。そんなものはほんとうの騎士道ではない。騎士が騎士たるためには、彼はまずキリスト者でなければならなかった。四囲の宗教的情況のなかで騎士は叙位されたのであり、いまでは世界中のいたるところでキリスト教の象徴と化した脆坐《きざ》の身ぶりは、この騎士が叙位されたさいの身ぶりであったのだ。かつては人々は跪《ひざまず》いては祈らなかった。人々は立って祈ったものだ。また、かつては手を合せるということはしなかった。そしてこれら二つの身ぶりはいずれも、騎士が叙位のさいにとった身ぶりにほかならないということである。騎士が跪いているあいだ宗主は、そのまえに立ち、剣でもって騎士の肩を打ったものだ。こうした二つの典型的身ぶりこそは、キリスト教の象徴と化したところのものである。かくして騎士道とは、もののふの

『勇気』と『忠誠』と『宗教』の結合したものであるという考えがわれわれの心のなかに芽ばえたが、これと同様に武士道とは『もののふの勇気』と『忠誠』と、日本国民の『超越性』をプラスしたものである、とわれわれは解するわけである。ここで私が超越性と呼ぶ性質は、時代を追って変化していく。つまり二十世紀のこんにちでは、それはおのずから中世とは異なるかたちをとって現われなければならない。友愛の絆にむすばれた人間相互の固い約束と、ここに見られる精神の諸価値の一つにたいする奉仕の象徴。これらの諸価値こそ人類の正真の神々である。騎士道はわれわれにとっては伝説である。しかし日本国民にとっては、それは生そのものなのだ」（竹本忠雄『アンドレ・マルロー日本への証言』）

ここで指摘されているように、武士道倫理は二十一世紀の現在、それは中世戦国時代、または江戸時代におけるようなものとは、自ずから異なった表現でなければならないでありましょう。また、騎士道は欧米諸国民にとっては神話伝説にすぎないものでしょう。しかし、日本国民にとっては「生そのもの」なのであります。

戦後の日本国民は武士道精神と道徳を放棄したことで、欧米産の理論や知識を具体的に実現するのに必要な人格も忘れてしまいました。民主主義はそれに適うふさわしい人格をぬきにして日本社会に定着できません。武士道は反民主主義的倫理だという風潮が一般的に浸透したのに平行して、戦後民主主義はニヒリズムを呈しました。この戦後ニヒリズムから超脱するには、再び武士道精神の神髄を復興していかねばなりません。

昭和天皇が敗戦直後に「すべての責任は私にある」と言われ、マッカーサーを戦慄せしめたように、武士道は「友愛の絆にむすばれた人間相互の固い約束」の道徳であり、その道徳は、「精神の至高の諸価値に対する奉仕」の精神です。「武士道とは『もののふの勇気』と『忠誠』と日本国民の『超越性』をプラスしたもの」なのであります。こういう精神の諸価値を戦後民主主義には必要でないとでもいうのでしょうか。否、そういう精神の空白性の上に立てられた戦後民主主義は、その精神の空白のゆえに、崩壊せざるをえないでありましょう。

武士道と美意識

武士道は「友愛の絆に結ばれた人間相互の固い約束」の道徳として興り、「もののふの勇気」と「忠誠」と日本国民の「超越性」とをプラスしたものであり、「精神の至高の価値に対する奉仕」の精神であります。武士道は厳しい倫理には違いありませんが、それは日本国民の魂の底に脈々と流れている美的宗教であるともいえます。その厳粛な倫理を支えているのは、国民の美意識でありました。武士道は日本国民の美意識によってさらに洗練されていきました。

先に述べましたように、欧米では、「文明」は衝突するもの、「万人は万人の敵である」（ホッブス）、「商業は合法的詐欺である」（エンゲルス）、「革命は地獄的世界である」（マルクス）、「文明は衝突するもの」（ハンチントン）と考えられてきました。ところが、日本では「文明」は衝突するようなものであってはならない、衝突するのは「野蛮」であるという美意識は、武士道倫理と国民の美意識とから流れ出たといえます。日本国民は文明とは海の向こうからやってくる美しいものだという倫理観や秩序意識を抱いています。日本人は文明に対しなにか美しい織物か、日本独特の細工の細かい工芸品や絵画・彫刻、仏像、建築、庭園などのように、ある種の美しい秩序や倫理であるべきだという美意識を持っています。その美意識は遠く縄文文化のころから絶えることなく、日本国民の魂の底に流れる美的な宗教感情でした。

この美的な宗教感情は、日本国民のナショナリズムに一種独得なニュアンスを与えました。それはナショナリズムというよりは、国土、地域の意識に近く、西欧近代諸国の「国民国家」の形成期に生まれたナショナリズムとは一味違っていました。西欧近代諸国のナショナリズムの意識は、主権・国民・領土を維持し、防衛し、侵略されまいとする権利意識であります。ところが普通に言われている日本のナショナリズム意識は、ほんとうは国土、地域の意識であって、美的宗教意識とでもいうべきものなのです。

その違いを典型的にあらわしているのが、西欧の城砦《じょうさい》と日本の城との相違です。これらの城砦と城は、中世紀にほとんど同時期に造られました。にもかかわらず、ヨーロッパ諸国の城砦はすべてブルグ(註・城、城砦を意味するドイツ語)であって、いかにも強大な武力や戦闘や防衛の意志をあらわしています。城塞は権力と威圧の象徴でありました。ところが日本の城は優美なのです。もちろん、ヨーロッパの城砦も日本の城も、美的観念などは少しも混《まじ》えないで、戦略的な意図と合理的計算にもとづいて建築されたものです。にもかかわらず、その結果は極端に対照的になりました。一方は威圧的ですが、他方は優美で、ほとんど芸術的ともいえるほどに美的なのです。

「日本教」という信仰

こういう美的宗教ともいうべき日本人の精神の特徴について、それは「日本教」とでもいえるのではないかとする考えもあります。こういう精神を陶冶してきた武士道の精神は、日本の自然そのものが生み出した精神か、または自然と人間の融合によって生み出された精神であるといえましょう。

このへんの事情について、幕末に「武士道」の究極的な境地とでもいうべき、「心によって心をうつ」という、無刀流を開いた山岡鉄舟は、武士道の精神はわが国民の一般的な宗教感情である、「神・儒・仏」三教の瞑合やそのほかの老荘思想、明治以降には欧米近代文明など、あらゆる世界思想や文物を貪欲に取り入れる多神教的な思想から流れ出したものであるとして、次のように述べています。

「わが国民には一種の微妙な宗教思想がある。それは神道でもなく、儒道でもなく仏道でもない。神儒仏三教を融合した思想である。それは中世以降にもっぱら武門においていちじるしく発達した。自分はそれを名づけて『武士道』という。けれどそれは未だかつて文書に書かれたり、経文として伝えられたことはない。思うにそれは歴史の変遷とともにさまざまな経験によって人々の感性や思想に寄与してきた一種の道徳であるといえよう」(原園光憲『史伝西郷隆盛と山岡鉄舟』)

こういう多神教的思想が日本国民の精神を育成してきた事実は否定できません。それだから「八百万の神々」を祀り、「山川草木すべてが神仏であり、神仏のあらわれである」という「かたち」が、日本精神の根源となったのです。

明治以降にはキリスト教思想、近代合理主義思想、マルクス主義から、ルソー流の天賦人権論や無政府主義思想までも貪欲に取り入れ、戦後にはアメリカニズムまでも無条件に取り入れてしまうということで、国民精神に混乱がもたらされました。しかし、日本国民の多神教的思想にはいささかも変わりがありません。そして武士道精神は先に見ましたように、そもそものはじめから、多神教的な価値観から流れ出たものです。武士道を支えていたのは、禅宗、浄土宗、浄土真宗、日蓮宗およびその基礎の神道が、精神的超越性を与えて軸としました。

たとえば、山本七平氏は武士道精神と多神教的信仰との関連について、それは「日本教」という観点から理解されるべきことだと、次のような挿話を書いています。

徳川家康がまだ三河の小領主にすぎなかったころ、領内の一向宗の一揆に悩まされていて、ある武将に鎮圧を命じた。ところが、その武士は一向宗の熱心な信徒だった。激昂した家康は、その武士をとらえて「改宗か処刑か」を迫った。武士は「改宗」はしないからと「処刑」を願った。家康は刀をふり上げて斬ろうとしたが、急に「こんな頑固者は処刑してもしようがない」と言ってやめた。その瞬間、武士は「ただ今、改宗しました」と言った。家康は驚いて「このひねくれもの、処刑するといえば改宗しないといい、処刑をやめると改宗するという、どうしてなのだ」と問うと、「命が惜しくて改宗したといわれるのは武士の意地が許さない、けれどこれで命が惜しくて改宗したのではないことが明らかになったから改宗する」と答えた。（イザヤ・ベンダサン著、山本七平訳『日本教について』）

この物語には、日本人が何に殉教するのかが語られています。もしこの武士がはじめに処刑されてしまえば、彼は一向宗への殉教です。しかし、彼の一向宗への殉教には武士道がからんでいます。武士道で彼は一向宗への殉教を決意したのである。だから彼は一向宗への殉教よりも、武士の意地、武士道への殉教を願ったのである。それは「日本教」への殉教であり、改宗であると、同著者は指摘しています。そもそも武士道そのものが日本人の多神教的信仰、すなわち「日本教」のあらわれであり、禅宗は「日本教」の禅宗派であり、浄土宗は「日本教」の浄土宗派であり、真宗は「日本教」の真宗派、日蓮宗は「日本教」の日蓮宗派で、神道は「日本教」の信仰そのものであります。

話をこの物語に戻すと、この武士の信仰では、一向宗への熱烈な信仰と、武士道への頑固な固執とは等価であり、一向宗による超越的な価値への信仰と、武士道の超越的な価値への献身はひとしいのです。だから、彼はきわめて簡単に「改宗」してしまったのです。それは彼が「日本教」の忠実な信徒であることの証しなのであり、彼が武士道に忠実であるかぎり、一向宗の超越的な価値に対する「背教者」ではないのであります。

現代では大部分の日本人が自分は「無神論者」だと思い込んでいますが、日本人の全員が無神論者になったとしても、「日本教」では「神は絶対無」だとしているから、依然としてすべての日本人が「日本教」の忠実な信徒であることに変わりはないのです。イザヤ・ベンダサン氏によれば、「私が『日本教』と呼ぶのは、この(日本教徒の)意地を支えている教義の基礎となっている一つの宗教、そのために日本人が殉教をも辞さない一つの宗教を指します。したがって私は、日本人が『私は自由主義者だ』『私はマルクス主義者だ』『私はクリスチャンだ』と自称しても、それらはすべて……日本教を表現するための方法にすぎないと考えております。すなわち、それぞれの言葉を借りて日本教を表現しているのであって、たとえその人びとが殉教しても……それは日本教への殉教であり、またたとえ転向しても、……日本教の強固な信徒であることの証明だと思います。……戦後、昨日までの超国家主義者が今日はアメリカ型民主主義者となり、昨日までの特攻隊員が今日は赤旗を振ったところで、少しも不思議ではありません。また戦争中の日本人がナチスの言葉で日本教を語ったからといって、彼らをナチスと考えるのが誤りであるのと同様に、戦後の日本人がアメリカ型民主主義の言葉で日本教を語ったからといって、彼らを民主主義者と考えることは誤りです。……まず『日本教』を理解すること、それはわれわれのみならず、世界にとっても必要なことでしょう」（前同）といわれています。

このように日本人はすべて「日本教」といわれる複雑な多神教の精神構造と、その機能の働きのうちに生きているといえます。このような「日本教」とさえ呼ばれる日本の多神教的信仰はどのようにして生まれたのでしょうか。それは自然に対立した人工的な産物ではありません。また自然にまったく服従した盲目的な信仰とも違います。先に武士道精神は自然からの創発で、自然そのものの自己組織化であると書きましたが、それはゴッホの手紙が指摘した「みずから花のように、自然の中に生きていく」ことが「真の宗教である」という考えをもとにしています。しかし、「自然にすっかりひたり切った自然の生活」とは「原始人の自然生活」と自ずから違ったものです。アフリカの奥地の原始部落や、その他の未開発諸国で今も見られる「原始的生活」を「真の宗教」の生活などということはできないからです。

その原始的生活の反対の極にあるのが反自然の文明生活です。自然を征服し支配したものとして「文明」を考え、自然と対立し自然を対象として分析し、反自然として自己を明らかにしている「かたち」の文明生活であります。ユダヤ教をはじめとして、キリスト教、イスラム教などは、みな反自然の宗教感情を基礎として築かれています。そして、その中間にあるのが、一定の文化生活を営みながらも、自然を離れず、自然に即した「かたち」での文化生活でした。こういう即自然の文化は、徳川期までの日本の伝統的な文化に見られたし、明治から昭和初期までの「富国強兵」の段階にあったときの日本人は、この反自然の文明と即自然の文化との間を彷徨《さまよ》いよろめいていたといえます。日本の軍隊は欧米諸国と戦えるように近代化されていたし、それを支えていた経済・産業および官僚組織や社会諸組織もまた近代化されていました。東京をはじめ多くの都市も近代都市でしたが、国民意識の多くは依然として伝統的な即自然の文化に浸っていたのです。

新渡戸稲造は『武士道』の終章を、「武士道の将来」として「善かれ悪しかれ我々を動かしたものは純粋無雑の武士道であった。過去七百年間にその獲得した運動量はそんなに急に停止するをえない。それを全面的に復活せよというのではなく、今日でも通じる普遍性があるところを大事にしよう」と結んでいます。

「武士道は一《ひとつ》の独立せる倫理の掟《おきて》としては消ゆるかもしれない。しかしその力は地上より滅びないであろう。その武勇および文徳の教訓は体系としては毀《こわ》れるかも知れない。

しかしその光明その栄光は、これらの廃址《はいし》を越えて長く活《い》くるであろう。あの象徴たる桜の花のように、四方の風に吹かれたあと、人生を豊かにする芳香を運んで人間を祝福しつづけることだろう。百世の後その習慣が葬られ、その名さえ忘らるる日到るとも、その香《かおり》は『路辺に立ちて眺めやれば』遠き彼方《かなた》の見えざる丘から風に漂うて来るであろう。――この時、かのクエイカーの詩人の美しき言葉に歌えるごとく、

いずこよりか知らねど近き香気に、
感謝の心を旅人は抱《いだ》き、
歩みを停《と》め、帽を脱《と》りて、
空よりの祝福を受ける」

（李登輝『武士道解題』）

心に刀を佩びる意志

天秤や　京江戸かけて　千代の春

と芭蕉が詠んだように、日本の精神的共同体は、京の伝統文化と江戸の世俗政治のバランスにおいて「千代の春まで」保たれてきました。日本文化の伝統のすべてはこの精神的共同体の源泉からのバランスのとれた連続性として伝えられてきたものです。

日本国民の深刻な精神的危機の一つは、戦後の民主主義の政治的、社会的原理の異常な肥大化によって、自国の精神的な側面が見る影もなく衰退してしまった結果、これまでの連続性と全体性が切断されてバランスが崩れてしまったことにあります。最近になって、この「京江戸かけた」精神的バランスを取り戻すために、武士道精神の復興が提唱されているのは心強い限りですが、さりとて、今からチョンマゲを結い刀を帯びるわけにもいきません。しかし、武士道精神は「心に刀を佩《お》びる」という意志と自覚において受継いで行けるものと信じます。

人は生まれながらにして武士となるのではなく、厳格な道徳教育と人格形成の修行とともに武士となるのです。一般的な儀式でいうと、武士は五歳になると、武士の服装をして碁盤の上に立たされ、それまでの小刀に代わって真剣をさすようになります。侍として生きることを認めるこの儀式は、その人の生涯にとって最も重要な最初の儀式で、十五歳になって成人であることを認める元服の儀式とともに、この時から剣を佩《お》びた一個の人間となります。武士とはなによりも「刀」を佩びた人間であることであり、「刀」を腰に帯びることは、その心に佩びることにほかなりません。

元服以後には一人前の侍としてあつかわれ、武士はその「刀」に相応しい人生態度をとるように期待され、誇りと名誉を重んじ、自尊心と責任感をもった人間であることが求められます。臆病と卑怯、責任逃れと義務の回避は許されざる最大の恥辱とされました。「恥を知る」とは「刀」と「自己」との間に生まれた誇りと名誉をかけた実存的関係でありました。刀を佩びたものは自律性が厳格に要求され、人生態度や心構えが未熟であることは、生死にかかわることであるから、いかなる甘えも許されませんでした。

また「日本刀」の背理は、剣は必ず鏡をともなうもので、鏡なくして剣はありえないということです。日本神話でいえば、三種の神器に見られる「ムラクモの剣」は「ヤタの鏡」なくしては存在しないように、「鏡と剣」は日本人の根源的象徴であるといえましょう。「鏡」は宇宙を支配する法則、現象の奥に潜む世界の実相や人間の実相を隠れるところなく映し出し、その善悪、邪正、真偽、神性をつつむところなからしめる智慧の象徴であり、「剣」はその真相を顕現するためのものであります。剣は鏡に映るところのものを実現する力だから、剣を佩《お》び、剣を揮《ふる》おうとする者は、同時にまたつねに、その鏡を曇りなきものにしておくことが求められました。

ここにはじめて「自由な精神」が生み出されるのであります。人は剣を佩びたときにはじめて自由となり得るのです。近代の自由が市民の自由として廃刀によってもたらされたところから自由の堕落がはじまりました。自由は生まれながらのものではなくて、人間が自由と平等でありうるためには、お互いに相手の人格と名誉に尊敬を払い、その主体性を認め合い、互いに熟慮をつくした人間として対し合ったところにこそ生まれるものであります。

これが武士道の自由と民主主義でした。こうした人格こそ一国民の対外的意思の表出であり、人格と人格との交わりこそ相異《あいこと》なる国民と国民を結びつける基礎であり、国際社会の対人関係にも十分に通じる普遍性をもっています。われわれはこうした武士道の精神を、「心に刀を佩《お》びる」という意志と自覚において受け継いで行かねばならないのであります。

第九章　日本文化の美的宗教

日本文化の豊富な内容を極度に単純化するという象徴性は、地球の一体化の時代において、各国各民族がしだいに融合し、一なる地球文明を創造するにいたる発展過程で、権力の統制ではなく、生命による創造的統一の原型を示している。

アマテラスの感情

私どもの科学知識は、時間と空間が一体であり、空間は四次元の時空連続体としてとらえられるということを知っています。したがってどんな空間でも土地でも、膨大な時間を含有しているわけです。ですから、歴史と地理は一つで、歴史は時間系列で動く地理であり、地理は現在の時間に固定された歴史であるといえます。けれど実際に旅をしてみるとわかりますが、どこの土地であれ、時間が生み出したねじれや歪みは、人間の知識をはるかに超えています。その土地がもつ歴史的重量といったものに圧倒されます。その圧倒は知識で知るのではなくて人間の感性で感じるのであります。

日本人は昔から非常に豊かで、柔軟で、繊細な感性を持っていて、それが日本国民の精神史を特徴づけています。とくに「敷島の道」などと呼ばれる「和歌」「俳句」が陶冶《とうや》した感性は、自然への鋭い直感と、自然に謙虚な感覚を養いました。武士道精神の大きな特性である「惻隠《そくいん》の情《じょう》」などは、日本国民の繊細な感性をもとにしていました。

「美しい国づくり」は、こうした日本国民の独特な感情や生活観の上に築かれるべきであります。日本国民の豊かな感覚や感情は、西欧文明やアメリカ民主主義の本質を直感的に感覚し理解します。しかし、この豊かな感情生活のゆえに、必然的に日本の民主主義とアメリカの民主主義とは異質なものになっています。「自由・平等」の民主主義で、日本とアメリカは同じ価値観を共有しています。けれどそれは、観念としてのイデオロギー的な価値観の共有であって、国民的な感性とは違います。アメリカ国民には特有な感性がありますし、日本国民はそれとは違う感性があります。日本国民は優れた感性で、儒教、仏教を「日本化」したように、西欧文明の近代やアメリカの民主主義を「日本化」して、日本独自の文明としてきました。

また最近では、地球温暖化という全地球的な危機感から、環境における自然と文明との「共生」が強く求められていますが、日本ほど昔から自然との「共生」を図ってきた文化は、世界史上どこにもみられないのも事実です。遠い神話時代から、奈良平安の王朝時代をへて、鎌倉、室町、戦国乱世、織田、豊臣、江戸時代を通して、さらに明治以降から最近まで、自然と調和し、自然と対話し、自然と共生してきた文化は、他国の歴史にはみられません。日本が環境問題で先進的な役割を果たしているのも、こうした歴史的な背景によるものです。

日本の風土が培ってきた宗教感情は、人間の文化は自然そのものの生育であるとしてきました。たとえば、和歌山県那智の「飛瀧《ひろう》神社」では、那智の大滝そのものを御神体として祀っています。奈良の「大神《おおみわ》神社」では、三輪山そのものを御神体としていますし、日本全国いたるところで産土神《うぶすなのかみ》は、山そのもの、川そのもの、海そのものを祭神としています。宇宙創世のときに働いた宇宙的エネルギーがいまも働いていて、それが山々、河川、森や、林や、野原などに生成しているように、人間の生が宇宙の運動そのものであり、文化もまた宇宙創世のエネルギーからの発現にほかならないという信仰であります。これこそが「アマテラス」の精神であり信仰にほかなりません。アンドレ・マルローはそれを「アマテラスの感情」と称しました。

この「アマテラスの感情」が、日本のあらゆる芸術・文化の源泉でした。建築、彫刻、絵画、工芸、造園、演劇、舞踊、文学、和歌、俳句などは、すべてこの感情の表現でありました。そもそも日本神話がすでにこの感情の物語的表現でした。「アマテラスの精神」は、武士道の「もののふの勇気」と「忠誠」と、日本国民の「超越性」に「自然との絆」とをプラスしたものということができます。また、『万葉集』の数々の詩歌もこの感情の詩的表現にほかなりません。たとえば、

東《ひんがし》の野にかぎろひの立つ見えてかへり見すれば月かたぶきぬ

（厳冬の東野に陽光が彩《いろど》りはじめ、ふとふりかえってみると満月が西に傾き沈もうとしている）

という柿本人麻呂《かきのもとのひとまろ》の詩は、人間の存在を日と月に貫かれ交錯しているものとしてみる宇宙的宗教感情の表現にほかなりません。

神道の自然感情

こういう「アマテラスの感情」について、イギリスの陶芸家バーナード・リーチは「神道」と呼び、「あらゆる日本の芸術の根底には神道がある」と述べています。

「神道」ということは、神社神道とか、家の神棚への礼拝や、教派神道を意味しているのではなく、数千年の歴史と伝統を通して培われてきた、精神生活の根源的で典型的なものの感じ方、考え方、心の動きなど、つまり、日本的なものを一括して「神道」といったのであります。

小林秀雄氏は「本居宣長」の研究で、本居宣長は日本人の神道は自然への親密性にあると理解し、宗教的な教義でも哲学的な汎神論でもないことを発見した（小林秀雄『本居宣長』）と解釈しています。わが国最古の文献『古事記』には、「草木もの言う」と書かれています。もちろん草木がものを言うはずがありません。ところが草木が生き、生きものがいのちの声を発し、話しかけてきていると敏感に感じた古代日本人は、草木と呼吸を合わせ、大自然の命に呼吸していたのです。そのとき、話すことのない草木が日本人に語りかけたのです。

たとえば、林武画伯の自伝『美に生きる』には、こういう古代日本人が持っていたのと同じような感覚がみられます。「僕は素直になって、ものを見ることにより、明暗を超え現象を超えてそこにほんとうに木が生えているのを見、ほんとうに飛ぶ雲を見た。（中略）

そのとき僕は、歩きなれた近くの農道をぽつぽつと歩いていた。すると突然、いつもみなれた杉林の樹幹が、天地を貫く大円柱となって僕に迫ってきた。それは畏怖を誘う実在の威厳であった。形容しがたい宇宙の柱であった。僕は雷にうたれたように、ハッと大地にひれ伏した。感動の涙が湯のようにあふれた。同時に、地上のいっさいのものが、実在のすべてが、讃嘆と畏怖をともなって僕に語りかけた。きのうにかわるこの自然の姿――それは天国のような真の美しさとともに、不思議な神魔のような生命力をみなぎらせて迫る。」と、林武画伯は「地上の一切のものが自分に語りかけてくるのを実感」しました。「草木もの言う」であり、『古事記』の神話的表現とみられる詩句も、単なる文学的粉飾ではないのです。明治天皇のお歌にも、

さまざまの　虫の声にも　知られけり　生きとし生ける　ものの思ひは

と詠まれています。このように「アマテラスの感情」は「草木もの言う」として、自然と人間が「同じ命を生きている」ことを実感する、豊かで繊細な感情であります。

国民心性の祭司

この日本の風土が培った独特の「アマテラスの感情」を含む国民心性の最高の祭司が、天皇なのです。神道は一つの宗教ではなく、宗教・宗派などという、人間が後天的に定めた価値観の範疇をはるかに超えています。その根源はおそらく変化の激しい日本の風土に生活していた古代人が、天地万物や自然に対する畏敬と讃仰の感情から流れ出した、万物に霊性を感得する精霊信仰を基礎に生まれた、超自然的なものと交流する信仰であったろうと思います。神道は「真水のようにすっきりとして平明である。教養などはなく、ただその一角を清らかにしておけば、すでにそこに神がおわす」(司馬遼太郎『神道』)というものでした。

日本国民にとり「アマテラスの感情」の象徴的な集大成が、伊勢の大神宮であります。伊勢神宮は西行が、

何ごとの　おはしますかは　知らねども　かたじけなさに　涙こぼるる

と詠み、芭蕉が、

何の木の　花とはしらず　匂ひかな

と歌ったように、一つの宗教・宗派にとらわれない日本国民の宗教感情と精神の原点をなしているのです。

先に書きましたが、フランス印象派の画家のゴッホは、その「手紙」でこういう日本人の自然と宗教について、「彼らみずからが花のように、自然の中に生きていく、こんなに素朴な日本人がわれわれに教えるものこそ、真の宗教ではないか」と書いています。「みずから花のように、自然の中に生きている」のが、日本人の宗教感情でした。この宗教感情の特徴は、神人同形説をとらないことにあります。それはユダヤ教やキリスト教またはイスラム教などの一神教の宗教感情のように、神は人間と同じような「かたち」をしているとか、神は御自分の姿をかたどって人間をつくったというような、神人同形説の感情をとらず、「人間・神の子」の宗教感情でした。山、川、湖、海などが創られたときに働いた宇宙創世のエネルギーと同じ宇宙的エネルギーから人間も生まれたとします。

したがって、自然と人間は同じ生命を生きていることになり、だから人間は、自然の山そのもの、川そのもの、湖そのもの、海そのものを神として祀るのであり、とくに人間の認識以前の重力、光、電磁気などと、人間との一体性について謙虚に感謝する心で感得していました。それは神人同形説の宗教感情とは違う、いわば宇宙的宗教感情といえます。

宗教学的に分類すれば、神道の宗教感情は日本の風土に結びついた汎神論の一種と類別されるかも知れませんが、その宗教感情は一神教の価値観と対立するのではなく、一神教の価値観が支配していた欧米の近代文明にも、かつて日本が謙虚に受け入れた儒教文化や仏教文化と同質の「一種の自然」として、謙虚に寛容に受け容れるのであります。

だから神道の宗教感情を「神人同形説」の立場と同じような宗教・宗派とみるのは誤りであり、神道に教義や経典がないというのは大きな錯覚であります。日本の国土そのもの自然そのものが、神道の教義や経典なのであります。神道の宗教感情は日本列島での生活や風土が育んだ、人間の存在の根源への謙虚で真摯な繊細で敏感な感性の表徴なのです。

天皇の絶対無の存在とは「無用の用」ということに近いのです。新井満氏の『自由訳・老子』によれば、「無用の用」とは「茶碗というものがある、茶碗の内側はうつろになっているね、だからその中に、様々なものを入れることができる、何もない『無』の部分があってはじめて、茶碗は茶碗としてのはたらきをなし、人々の役に立つことができる」のだという。また「部屋の構造を考えてごらん、その中にはからっぽの空間が広がっている、だからその中で人びとは住み暮らすことができる、何もない無の部分があってはじめて、部屋は部屋としての働きをなし、人々の役に立つことができる」と、訳しています。

天皇は歴史の中でつねにこういう絶対無の存在でした。日本国民にとって天皇は空気のような存在であり、地球上の人間にとって重力がアプリオリであるように、意識や認識以前の存在であります。もちろん、日本史の歴史過程で天皇の存在がさまざまに政治的に利用されてきたことはよく知られていますが、日本史を通して二千六百六十余年にわたり、日本国民が一貫して継承してきたのは独特の宗教感情であり、天皇はその純粋持続を保証してきたのです。

これらの文化的特性こそが、日本文化を「強い国づくり」の段階から、次の新しい「美しい国づくり」の段階に進ませるのに、必要で十分な条件ではないでしょうか。さらにそれは、来るべき「地球文明」に向けてのモデルを提供することにもなります。

日本文明は儒教と仏教を受容し、明治以後には西欧近代を受け入れ、戦後はアメリカ流の自由と民主主義を容れながらも、日本古来の文化的伝統を失ってはいません。世界第二位の経済力を保ちながらも、古代の「神話」が国民の心に生き続けているのであります。

日本文明からの発信

自然の山そのもの、海そのもの、川そのもの、滝そのものを神として祀る「アマテラスの感情」は宇宙的宗教感情といえます。「アマテラス」の感情や思想は全人類に共有される普遍性を有しています。日本文明は世界に向って和製グローバリズムを発信すべきであります。

しかし、アメリカが異民族に対してどんなに寛容な国であったとしても、現実的に保護国である日本発のグローバリズムの「アマテラス感情」の思想を、そのまま受け入れて自国の世界理念や政策にするとは考え難いのです。万一、アメリカが日本からの発信を受容したとしても、それをアメリカ流に翻訳、解釈して、自国の理念または政策として世界に発信することでしょう。

たとえば、原始キリスト教が出現したときの精神状況と現在のアメリカの精神状況は酷似しています。キリスト教は各地に離散した異邦人の魂の餓えを癒しながら、ローマ帝国に入城して現在のキリスト教になったのです。原始キリスト教とローマン・カトリック教ではまるでほとんど異質の宗教かと思われるほどに換骨奪胎されてしまいました。とくに原始キリスト教では、神は天地万物どこにでも在《まし》ますとされていたのですが、ローマン・カトリック教では、教会が「神の家」とされ、荘厳な装飾に彩られた教会の中にだけ神が在《あ》るとされてしまいました。カトリック教会の司祭の権威を高めるためにそれが教義とされたのです。

こういう換骨奪胎が日本からのグローバリズムの「アマテラス」思想の発信についても起きることでしょう。なぜなら、人間には宗教やイデオロギーが必要ですし、アメリカも現在のグローバリゼーションへの反省と懐疑から、それを越える「世界宗教」か何らかの世界理念を求めなければならないからです。日本はアメリカに「世界宗教」か「全地球的な世界理念」を提供せざるを得ないことになるでしょう。

その時おそらく原始キリスト教がローマン・カトリック教に変質したように、アメリカは、日本のグローバリズム思想に対してあらゆる改竄《かいざん》を加えて、アメリカ流に編集し直すことでしょう。日本はそれを甘受する以外にないでしょう。

けれど、アメリカが「アマテラス」思想をどのように改変しようとも、日本は「アマテラス感情」の伝統をいつまでも死守しなければなりません。「アマテラス感情」は日本国民の宗教的感性であり、数千年にわたって続いてきた神道の「惟神《かんながら》の道」思想の現代的表現にほかならないからです。

地球文明へ

昭和天皇の木下道雄侍従次長(当時)によれば、昭和天皇は昭和六年十一月、熊本での陸軍大演習をご統裁されました。その帰途、お召艦《めしかん》「榛名《はるな》」が鹿児島錦江湾をお通りになったときのことです。お召艦「榛名」は夜になって錦江湾を出航しました。沿岸の住民たちはそれぞれに提灯《ちょうちん》をうちふり、かがり火をたいてお見送りをしていました。夜の海の闇を通して延々と続くその小さな灯りの長い列が艦上からはるかに遠望されたのです。木下侍従次長はふと思い甲板に出てみたのです。すると陛下は身じろぎもしない直立不動の姿勢で、はるかな闇に向って挙手の礼をなさっておられたのであります。木下侍従次長は思わずハッと陛下を見上げました。陛下はそれにも気がつかれないご様子で、身じろぎもしない直立不動の姿勢で闇に向って挙手の礼で立ちつくしておられるお姿は、もはや帝王でも君主でもなかったのです。

帝王や大統領ならば民衆の歓呼に応えるために、威厳をしめすためのポーズをとるか、民主主義的であることを表現するために、民衆の中へ入ろうとするでしょうし、女王や大統領夫人でしたら、精一杯に笑顔をつくるか魅力的に見せようとします。そこには権力者とは支配者と被支配者が「見るもの」と「見られるもの」との関係において成立しています。ところが「榛名の艦上」においては、支配者と被支配者との関係でも、「見るもの」と「見られるもの」との関係でもなく、互いに見えない関係において成りたっています。

身じろぎもしない直立不動の姿勢で挙手の礼で立ちつくしておられるお姿は、沿岸の住民たちからは見えはしない。陛下の方からも見送っている人びとは見えはしない。それでも陛下は闇に向って直立不動の姿勢で挙手の礼で立ちつくしておられました。夜の海の闇の世界に広がる誰も知らない無言の愛のハーモニー、陛下と国民の魂が一つに溶け合っている美しいシンフォニー、それが日本の民主主義だったのです。目にも見えない、音にも聞こえない、聴衆もいない、誰も知らない交響楽、陛下も国民もその真心に敬し、礼し、拝み合っているシンフォニーが「象徴」なのです。

「榛名」の艦上で誰も知らない夜の波の闇にむかって身じろぎもしない直立不動の姿勢で挙手の礼をなさっておられた陛下のお心は、平時でもまったく同じでした。戦後もやがて五十年をむかえようとしていたときのある日、陛下はつぎの歌を詠まれました。

　　庭のおもに　つもるゆきみて　さむからむ　人をいとども　おもふけさかな

前者のエピソードが「夜の闇の能芸術」であるとするなら、後者は「雪の朝の能芸術」であるともいえましょう。ここでも雪ふる寒い朝の庭で、国民を思い挙手の礼をなされているのです。陛下も国民もお互いに知らないことはどちらも同じです。まったく無私の心で相手から想われた人間は、その相手にいかなる態度をとればよいのでしょうか。そういう関係で成立しているのが日本の本来の民主主義なのです。

夜の海の闇の中で誰に知られなくても挙手の礼を続けられる陛下、雪の朝の庭で国民に礼し拝する陛下、そういう天皇と国民が互いに拝み合い、古代の神話的精神を象徴する「アマテラス感情」こそは、世界が今もっとも必要としている、「美しい国づくり」による「地球文明」の創造にとってなくてはならないものなのです。

「地球文明」とは、世界中のありとあらゆる諸国民が、政治や経済や社会のいかんを問わず、また支配や被支配という関係においてではなく、自分自身の存在の究極の生活の場として「地球」を意識することで、普遍的な「地球文明」の創造に乗り出すことであります。

世界平和は「地球文明」の創造でなければなりません。アメリカ国民の偉大性は、どのような問題があるにせよ、宇宙開発を国民自身の経済負担ですすめていることです。それは地球を個体としてとらえる人間の宇宙的進化にとって大きな貢献であるといわねばなりません。いまや人間は地球全体を具体的な個体としてとらえるようになり、抽象的な普遍主義から具体的な地球主義の思想にまで進化しなければならないのです。「地球文明」の最高の目的は人間の人格の発展であります。人間は人間であるべきのみならず、人間以上であるべきなのです。未来にわたり人間が進化するために、自己の生物的本性を超克し、近代理性を越えて「霊性」に目覚めねばなりません。そして、全世界が「世界文明」の複数性を発見し、価値ある普遍性を受け入れ、近代をしっかり身につけることを通して、イスラム文明がイスラム・ルネッサンスを実現し、インド文明がインド・ルネッサンスを、中国が中国ルネッサンスを、全世界が自分自身を見つめ直すという、「地球文明のルネッサンス」の到来が待たれています。

こうした未来予測はあまりに楽観的というより夢想に近いと思われるかも知れません。しかし、人間が想像するところ、やがてそれは必ず実現されてきました。人間には原始の時から上方への本能的な意欲があり、それが地球に二本足で立たせる力となり、さらに天上への意志は天なる神々と宇宙を発見しました。われわれもやがて宇宙と地球を舞台にした、歴史上初めての「地球文明」の誕生を目撃しようとしているのです。

かつて、岡倉天心は西洋文化と東洋文化を対峙させて「アジアは一つ」と「東洋の覚醒」を促しました。そして東洋が覚醒し自由を得た「中今《なかいま》」に、世界人類は一つなる地球と一体となって「地球文明」の創造に向かうのです。

「地球は一つ」なのです。

おわりに

文化とは生命であります。日本文化はつねに自然と融合し、自然と一体になることにおいて文化を創造してきました。

その日本文化の「かたち」を問えば、伊勢神宮の日本、万葉集の日本、源氏物語の日本、古今集の日本、西行の日本、芭蕉の日本、鎌倉仏教の日本、枯山水《かれさんすい》の石庭の日本、桂離宮の日本、武士道の日本、茶の湯の日本、芭蕉の日本、特攻隊の日本、ひらがなの日本、永遠の日本……となります。

旅に病《やん》で　夢は枯野を　かけ廻る（芭蕉）

「人生は旅である」と言った芭蕉は、まさに漂白のうちに歿しました。芭蕉は『万葉集』

を愛し、『源氏物語』を愛し、「西行」を敬慕していました。西行から芭蕉までほぼ五百年の隔たりがありましたが、芭蕉の風雅は西行の跡をたどり、「この道を行く人なしに秋に暮れ」の細い道をただひたすら一筋につながろうとしました。西行は日本古典の正統を継いでいましたから、「後ニ続ク者在《あ》ル」を信じていました。芭蕉も永遠の日本の文化フォルムを願い、「後ニ続ク者在ルヲ信ズル」ことだけが、最後の夢でした。病床にあった芭蕉にとり、その「夢」はどれほど激しく、狂おしく「枯野をかけ廻」ったことでしょう。

芭蕉の霊性は、伊勢神宮の日本からはじまって、万葉集、源氏物語、西行と連綿と続いている日本文化フォルムの伝統を、自分自ら体現している確信でした。日本文化の「永遠の今」を根源にしている確信であり、天地初発のときに働いた宇宙エネルギーがそのまま「巌となりて苔の生すまで」働き、現存しているという確信でした。その意味では日本文化は復興の文化ともいえましょう。

故三島由紀夫氏がいみじくも言ったように、自分自らを歴史の化身とし、歴史の精華を体現し、伝統文化の美的形式を体現した者の行動原理は、「後ニ続ク者在ルヲ信ズル」の思想にまで高められます。芭蕉はこの伝統精神の永遠の連続性を、「古池や蛙飛び込む水の音」の古池と見たり、「閑さや岩にしみ入る蝉の声」の岩に象徴しています。芭蕉は過去および未来をふくむ「中今《なかいま》」において、宇宙創世の根源に帰還し、大いなる「いのち」と一体となり、後世の「今」に続く者あるを信じました。

「特攻隊」の日本も、日本の民族精神のみが生み得た、最も美しく、最も哀しい歴史の精華でした。「海行かば水漬《みづ》く屍《かばね》　山行かば草むす屍　大君《おおきみ》の辺《へ》にこそ死なめ　願みはせじ」と、それは日本国史の根源と深く結びついたものでありましたから、日本の戦後史はそこから始められなければならなかったはずです。彼らは「後ニ続ク者在ルヲ信ジ」て散華《さんげ》して逝《い》ったのですから、戦後の日本は「後に続く者」としての存在でなければなりませんでした。

しかし、戦後の日本はその裏切りから出発しました。敗戦の真の悲惨さは文化の虐殺にあります。街は廃墟と化し、敗残兵さながらの復員軍人たちの群れが、列車にすずなりになり、みすぼらしい露店には買い出しの人びとであふれ、進駐軍の兵士たちが派手な服装をした若い女性を抱きかかえて歩き、その横で痩せこけた青白い顔の浮浪児たちが走り回り、「ギブミーガム、ギブミーチョコ」と叫んでいました。そこには哀れな敗戦国民の姿が悲しく映し出されていました。嫌悪感で誰もが思い出したくない、荒廃した心と廃墟の街の中で「絶望」に絶望していました。

とくに多くの先輩たちが特攻隊として出撃していくのを目撃してきた私の想いは複雑でした。とりわけ許し難く、耐え難かったのは、「オレは戦争に反対だったのだ」「オレも反対した」「あの戦争は侵略戦争だ」「戦死者は犬死だ」「国民は騙されたのだ」という風潮が、全国にみなぎっていたことです。

こうして戦後の日本国民の多くは、裏切りという原罪意識を隠すために、つねに日本を否定し続け、偏狭な「四つの島の平和」を守ろうとする平和主義が浸透し、世界の文明にかかわろうとする意志を失いました。世界とのかかわりを一切やめて、四つの島の自分の穴に閉じこもる「虚無の意志」を呈しました。「敵が攻めて来たら逃げる」という、幼稚で、卑怯で、甘えた「一国平和主義」の偽善社会に陥り、目標も意志もなく、アメリカの顔色をうかがいながら、ただ従順に愚図グズと追従していくだけのひよわな国となりました。自己の内なるものを殺すことによって、自分が救われると考えるのは自殺者の心理であり、戦後おびただしい自殺者が新聞紙上にあらわれたことは、疑いもなく人間の内的光明を消失した「死せる魂の群れ」を戦後の日本社会がつくりだしたことによる、深層心理的悲劇の結果にほかなりません。そして戦後は裏切りの原罪意識さえも風化させて「昭和」は歴史となりました。

しかし、日本文化は根源の水脈を通して、細々とではありますが、時には三島由紀夫氏の殉死となって吹き出したりしながら、今日までしぶとく生き残りました。そして最近になって、戦後世代の若者の中から、戦後レジームを超えて、日本文化のルネッサンスを通して「地球文明」の創造に参加しようとする意志が芽生え始めてきています。

本書が提起する「美しい国づくり」が、そうした読者の方々への励ましとなりましたら至上の幸いです。「後ニ続ク者在ルヲ信ジ」て「あとがき」といたします。

合掌

有難き　すがた拝まん　かきつばた　（芭蕉）

日《に》本《ほん》文《ぶん》化《か》の底力《そこぢから》
——美《うつく》しい国《くに》の世《せ》界《かい》維《い》新《しん》——

初版発行 ——— 平成 20 年 10 月 25 日

著　者 ——— 野島芳明《のじまよしあき》

発行者 ——— 白水春人
発行所 ——— 株式会社光明思想社
〒 110-0016
東京都台東区台東 1-9-4　松浦ビル 5F
電話 03-3832-4800
郵便振替 00120-6-503028
装　幀 ——— 松本　桂
カバーイラスト —— 波多野光
本文組版 ——— メディア・コパン
印刷・製本 —— 株式会社シナノ

ISBN978-4-904414-01-9　Printed in Japan

古事記と日本国の世界的使命

甦る『生命の實相』神道篇

谷口雅春 著

責任編集　財団法人生長の家社会事業団　谷口雅春著作編纂委員会

幻の名著復刊！　アメリカＧＨＱの検閲下にあって出版停止を余儀なくされ、今日まで封印されてきた黒布表紙版『生命の實相』第十六巻神道篇「日本国の世界的使命」第一章「古事記講義」が完全復活。『古事記』が預言する〝日本国の世界的使命〟とは何か。著者の「唯神実相論」によって、その驚くべき全貌が解き明かされる。混迷を深め、漠然とした不安に怯える現代の日本人と日本社会に、自信と誇りを取り戻させる画期的著作。

光明思想社刊　定価一、八〇〇円
定価（五％税込）は平成二十年十月十日現在のものです。品切れの際はご容赦ください。
小社ホームページ　http://www.komyoushisousha.co.jp/